LE VOYAGE DES PRINCES FORTVNEZ, Oeuure steganographique, receuilli par Beroalde

Auec priuilege du Roy. L. Gaultier sculp. 1610.

Contraste insuffisant
NF Z 43-120-14

Texte en surimpression

Illisibilité partielle

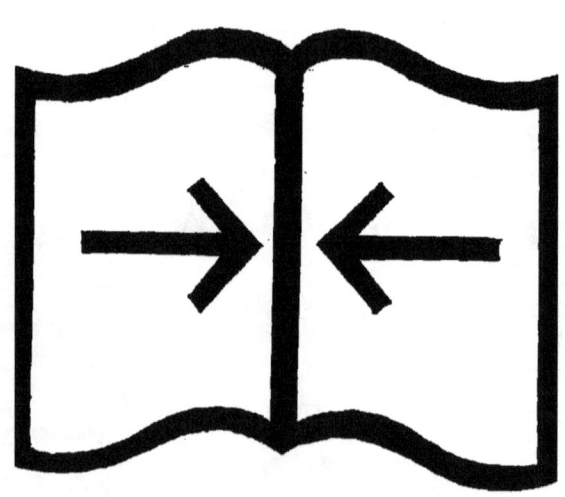

**Reliure serrée
Absence de marges
intérieures**

A LA ROYNE.

MADAME,

Ces PRINCES qui ont la perfection pour but de leurs belles Fortunes, ayans esté conduits par les plus legitimes sentiers du monde, à la fin se rendent au terme desiré, venans en ceste Court, qui est la plus magnifique de l'Vniuers : Car à la lumiere de vos vertus, l'ombre du vice est tellement dissipé,

ã iij

qu'il ne paroist plus ; l'honneur & tout ce qui en procede y multiplie, & l'innocence des parfaites fleurs de l'Oriflam y croist sous l'aisle de vostre Majesté, en esperāce que les feüilles en couuriront la face de la terre. Ces excellences sont l'occasion que ces voyageurs se donnét à vous, pource qu'ailleurs ne peut reüssir la gloire de leurs desseins : Et puis, tout vous est deu.

BEROALDE.

AVIS AVX BEAVX ESPRITS,

Touchant le voyage des PRINCES FORTVNEZ, qui est vn œuure STEGANOGRAFIQVE, contenant sous le plaisant voile des discours d'Amour, tout ce qu'il y a de plus exquis és secrets recherchez par les curieux des bonnes sciences.

M'ESTANT delecté aux ouurages de plaisir, suyuant auidement les delices d'esprit où ma curiosité me portoit, i'ay eu enuie de faire part de mon contentement à ceux qui seront esmeus de semblable fantasie, & qui incitez par beaux desirs, ont volõté de se recreer aux obiets de perfectiõ, lesquels on peut remuer en toute seurté pour s'en resiouir Et par les richesses des secrets que l'on y descouure tous les iours, recognoistre ce grãd DIEV, qui en quelque petit suiet que ce soit, ennelope vne infinité de choses dignes d'estre cognues. Or pource que si ie traictois ces magnificences apertement, il

AVIS

n'y auroit pas tant de grace, ie me suis mis à retracer mes gentillesses selon l'art Steganografique, afin que cecy qui est si digne, fut plus orné & dauantage desiré & cheri, & qu'ainsi cet œuure peust estre agreable à tous : A ceux qui ne pretendent qu'à l'apparēce par la nuë apparēce qui les satisfera, & aux rechercheurs plus subtils par les enygmes que l'inuention nous fournit, lesquelles ils esplucheront & se contenteront. Et à ce que ceux qui ne sauent encor que c'est que de cet artifice, par lequel nous voilons, ce qu'il nous vient à gré d'offrir aux yeux ; Ie dis que la Steganografie est l'ART de representer naiuement ce qui est d'aisée conception, & qui toutefois sous les traits espoissis de son apparence cache des suiets tout autres, que ce qui semble estre proposé. Ce qui est practiqué en peinture quand on met en veuë quelque paisage, ou port, ou autre pourtrait qui cependant musse sous soy quelque autre figure que l'on discerne quand on regarde par vn certain endroit que le maistre a designé. Et aussi s'exerce par escrit, quand on discourt amplement de suiets plausibles, lesquels enuelopent quelques autres excellences qui ne sont cognues que lors qu'on lit par le secret endroit qui descouure les magnificences occultes à l'apparence cōmune ; mais claires & manifestes à l'œil & à l'entendement qui a receu la lumiere qui fait penetrer dans ces discours proprement

AVX BEAVX ESPRITS.

impenetrables, & non autrement intelligibles, Et cependant voyant ces discours figurez, ces diuerses tapisseries, ne pensez point y trouuer vn Amour vicieux: Et vous, belles Dames, n'estimez pas y rencontrer les inuentions des appas qui enlacent les ames en des concupiscences iniques. Il n'y a rien icy que chaste, le contraire est reiecté ou puni, Et vous Orateurs qui couuez la volupté en vostre sein, qui la degoisez sur vos theatres, pource qu'elle vous mastine le cœur, ne venez pas icy apprendre à discourir, car cecy ne sent rien moins que ce que vostre entendement cuide, & vostre outrecuidance presume, ostez vous d'icy infames, & n'infectez point ces traits delicatement formez aux douces estincelles de vertu. Mais vous, chastes cœurs, esprits debonnaires, courages pudiques pleins de charité, venez vers ces obiets d'amour licite, venez y trouuer des abismes de contentemens, & en deueloppant ces precieuses raretez, descouurez pour vostre bien les precieuses rencontres que couurent ces delicieuses apparences. En fin ie vous auise, que si vous obtenez quelque fin de souhait par ces inuentions, que vous en sachiez gré à Mōsieur M. Pierre Brochard, sieur de Marigny, Conseiller du Roy, Maistre des Requestes ordinaire, lequel vnique & parfait amy, & Mœcenas m'a doné les beaux laisirs qui font esclorre ces beautez. C'est luy qui est l'Astre de mon bon-heur, & ie luy en donne la gloire, côme estant l'organe dont Dieu s'est serui pour m'animer entre les mortels. Outre plus, i'ay eu pour stimulation non seulement, ains aussi pour fourniture d'estofes Monsieur le Digne, sieur de Condes, qui me cognoissant presque dés la sortie de l'enfance, & sachant l'inclination de mon esprit, & les practiques qui m'occupent, m'a doné des memoires qu'il auoit recueillis de plusieurs œuures estrangeres, doctes & antiques, tendans à mesme fin : & de son beau labeur i'ay pris ce qui m'a semblé se rapporter à mes inuentions, & pour n'estre point ingrat, ie veux dire que ce qu'il m'a donné m'a fait inuenter le reste, & l'adapter selon l'analogie de l'ouurage. Or, Belles ames, sauourez vostre propre contentemẽt, & cognoissez que ce que nous faisons n'est que pour vous: Car ie ne fais estat que des esprits de merite, & qui se plaisent à la vertu.

Plus auant vous le lirez,
Et plus au cœur vous l'aurez.

Vir insipiens non agnoscet & stultus non intelliget hæc. Psalm. 92.

Quelqu'vn me lira enuieux
De la gloire qu'on me doit rendre,
Lequel taschant à faire mieux,
Me feuillettera pour apprendre.

BEROALDE.
Ni pour salaire,
Ni pour complaire.

STANCES,
SVR LE SVIET DE CET OEVVRE,
Au Sieur de Verville.

Es viuantes ardeurs des flames amoureuses
Portent leurs mouuemens sur l'essence du beau,
Car la Beauté contraint les ames genereuses
De prendre iour au raiz de l'amoureux flâbeau.

Tout ce qu'Amour projette, & tout ce qu'il propose,
N'est peint que sur l'object de la mesme Beauté,
Si quelque bel esprit à l'honneur se dispose
Son desir est tousiours sur l'Amour aresté.

Mais ce qu'on dit d'Amour n'est pas ce que l'on pēse.
Le commun n'entend pas ces belles notions,
Les esprits serieux en gardent la science,
Les autres vont au vent de leurs opinions.

Ceux qui touchez d'Amour à ses graces aspirent
Comme chers fauoris de la table des Dieux,
Ne sont point attachez aux sujets que desirent
Ceux qui cerchent la terre & negligent les cieux.

C'est ainsi que l'on voit les choses plus parfaictes,
Que l'on cognoist l'Amour en ses eslancements,
Alors qu'en ce transport les ames sont distraictes,
Par l'heureuse douceur de leurs contentements.

Mais ces belles Amours ne sont pour toutes ames,
 Chacun ne peut porter de si nobles desirs,
 Ceux qui sont epurez dedans ces belles flames
 Cinglent le vent en poupe, au havre des plaisirs.

I'auois cogneu iadis aux terres estrangeres,
 Des Princes Fortunez les loüables Amours,
 Mais ie n'auois pas veu les importans mysteres
 Que Veruille a tiré de mes libres discours.

I'allois suyuant ma route où le soleil se monstre,
 Pour si loing contenter mes curiositez,
 Mais ie n'auois compris sinon sur ce rencontre
 Que le parfaict se faict dans les diuersitez.

Ce n'est assez de voir les mœurs & les polices,
 Des peuples estrangers, les villes & les ports,
 Veruille plus subtil, sonde les artifices,
 Tire la quinte essence, & voit tous les ressorts.

Vous qui vous delectez de la grace accomplie,
 Si vous leuez le voile, & le bandeau d'Amour,
 Vous verrez la beauté de son lustre accomplie,
 Estre l'honneur du monde, & la clarté du iour.

Dessous ces beaux desseins, que l'Amour a fait naistre
 Sont cachez les tresors des mysteres parfaicts,
 Heureux le iuste Amant qui les peut recognoistre
 Et iuger de la cause en voyant les effects.

Plus vous destournerez le crespe de ces voiles,
 Plus vous aurez d'Amour, de flames, & d'ardeurs,
 Et plus vous tirerez le rideau de ces toilles,
 Plus vous descouurirez de celestes grandeurs.

C'est assez beaux esprits, il ne faut pas tout dire,
Si vous sentez d'Amour quelque diuin effort,
Vous sçaurez par amour, les traits d'Amour eslire,
Et ingerez qu'Amour est tousiours le plus fort.

Braues Enfans du Ciel de constance louable,
Qui cherchez curieux les secrets plus hardis,
Si vous suyuez d'Amour l'ordōnance immuable,
Vous ferez de la terre vn petit Paradis.

N. le DIGNE,
Sieur de Condes.

EN FAVEVR DV
Sr DE BEROALDE.

Sortez des monumens, Philosophes antiques,
Qui gisez endormis sous le faix du tombeau,
Ouurez vos yeux aux rais de cet astre nouueau,
Qui comme vn beau Soleil esclaire à vos reliques.

Admirable flambeau qui parmi la nuict sombre,
De vos vieilles erreurs, esclaire à nos esprits,
Et perçant le broüillas qui couure vos escrits
Tire vn iour d'vne nuict, la lumiere de l'ombre.

Sous le silence obscur des choses retenues,
Que le temps reseruoit à la posterité,
Paroissent aux rayons de sa belle clarté,
Comme aux rais du Soleil les choses sont cognues.

Il eut sur le printemps de sa saison premiere,
Plus de flammeux rayons, que vous en vostre esté;
Et au point de son iour, plus de viue clarté
Qu'au midy de vos ans vous n'auiez de lumiere.

Dans l'abisme profond des œuures de Nature,
Vos yeux bien que subtils, se trouuoiët empeschés,
Mais les points plus secrets qui vous estoient ca-
chez,
Les destins les gardoient pour sa gloire future.

Tous les traits plus parfaits de la Philosophie,
De vostre âge ignorez, ou du nostre oubliez,
En ce siecle par luy, sont au iour publiez,
Siecle qui d'vn tel bien sur vous se glorifie.

O! des vieux temps l'enuie, & du nostre la gloire,
Les delices du ciel, du monde l'ornement,
Esprit dont la grandeur excede infiniment
L'espoir de l'auenir, du passé la memoire :

Vous deuiez luire au ciel, non parmi la poussiere
Naistre comme vne fleur en ces terrestres lieux,
La terre y eust perdu, mais il valloit bien mieux,
La terre estre sans fleur, que le ciel sans lumiere.

N. CHAVVET, Blaisois.

SONNET
DE ROLAND BRISSET,
SIEVR DV SAVVAGE.

Au Sieur de VERVILLE, sur son Histoire veritable.

L'Inimitable Homere au iugement d'Horace,
  Mieux & plus pleinemēt que Chrysippe & Crantor
Du deuoir, de l'honneste, & de l'vtile encor
Parle és deux beaux sujets que sa Muse compasse:
Mais à mon iugement mesme Homere tu passe,
  Voilant sous les replis de ceste gaze d'or
  Cent discours de vertu que tu mets à l'essor,
Où auec le plaisir le profit s'entrelasse.
Le sage Alcidamas l'Odyssee appelloit
  Le miroir de la vie, où chacun se regloit:
  Tel la nomme autrement cōme il la trouue vtile:
Si tu n'auois icy ton liure intitulé,
  Ie serois son parrain, & seroit appellé
  Le Miroir des seigneurs, & d'honneur domicile.

εἰς τὸ αὐτό.
Ζήσεται Βερβιλίε γλυκερὸς πόνος, ἠδὲ π μηνύε
Ὅπλα τ', ἢ τερπνῷ οὔασιν ἰσοείαν.

TABLE DV CONTENV AV LIVRE DV VOYAGE des Princes Fortunez.

ENTREPRISE I.
FRONTISPICE.
DESSEIN I.

Ntreprise pour la conqueste de la Nymphe Xyrille : condition des Conquerans, qui ayans esté eschouez sont secourus par vn vaisseau de Nabadonce, où ils trouuerent les Fortunez auec lesquels ils vont en Sympsiquée. 6

II.
Vne Dame raconte à vn des Fortunez la perte de Fulonde, duquel on portoit le Cenotaphe en ceremonies, durant lesquelles il apparoit & est recognu. 13.

III.
Fulonde raconte ce que la vieille Fee luy fit, & comme ietté en la grotte, il fist auec le serpent, où il

Table

vefcut de la pierre raſſaſiante. Le ſerpent l'eſleua de la grotte. Et la vieille Fee s'y precipita. 21

IIII.

Roſolphe n'aymant point les Dames, deuient ſeruiteur de Feriſtee, qu'ayant veuë il demande à femme. Eſtant Roy, elle luy demande vn don, qu'il luy octroye ſous des conditions qu'ils debattent, & elle le vainc. Il la faict ietter au fonds de la Tour des Chiens. 31

V.

Feriſtee conſeruee par le Taliſmam de la Canicule, ſe retire en vn village chez vn baſtelleur, elle oit dire que le Roy eſt tres-malade, ſur quoy elle conſeille au Baſtelleur d'aller trouuer le Roy, & luy promettre guariſon. Le baſtelleur ſous la feinte d'vn ſinge preſente Feriſtee au Roi, qui l'a reçoit magnifiquement. 42

VI.

L'Ambaſſadeur de Nabadonce eſt bien receu & ſatisfaict de ceux de Sympſiquee. Les Fortunez partent pour aller à leurs deſirs. Conditions des Inſulaires. 53

VII.

Les Fortunez eſtans partis nous euſmes de la pierre raſſaſiante, puis partiſmes de Sympſiquee, & ſurgiſmes au havre de l'Empire de Glindicee. La façon de viure de l'Empereur tres-accompli, dont fut ialouſe Etherine fille du Roy de Boron, laquelle pour ceſte cauſe fit vne hazardeuſe entrepriſe auec le Prince de France. 57

VIII.

Le marchand ayant veu l'Empereur, luy laiſſe Etherine, & l'Empereur la baille en garde à la Fee

des Desseins.

Epinoyse à laquelle elle raconta son estre & condition, sous une belle fainte. L'Empereur s'addonne à aymer Etherine du tout. 70

IX.

Pour une legere parole l'Empereur s'indigne contre Etherine, & la fait exposer aux bois. La nuict il s'en souuient, la regrette, on l'enuoye chercher, on ne l'a peut trouuer : dont il entre en telle angoisse, qu'il en deuient tres-malade, & encor est plus fasché quand par la venuë d'un Ambassadeur, il sceut qui estoit Etherine. 76

X.

Les Fortunez reuenus consolent l'Empereur. Fonsteland fait une belle partie pour l'amour de Lofnis. Les Fortunez concluent auec l'Empereur le voyage en l'Hermitage d'Honneur. 86

XI.

Epinoyse n'y pensant point, se laissa surprendre à l'amour, pour le suiet de Caualiree, auquel elle le declare, & il s'en excuse. 102

XII.

Progrez de la vengeance que veut prendre Epinoyse des Fortunez, l'Empereur persuadé l'escoute, & se dispose de sçauoir ce qui est d'un auertissement qu'elle luy donne de trahison par les Fortunez. 109

XIII.

Par l'artifice d'Epinoyse, l'Empereur pense mal des Fortunez & les fait mener chacun à part és isles dangereuses. Caualiree eschappant de l'isle des Lyons, vient en celle des Serpens où il trouue son frere Fonstelland. 117

XIIII.

Viuarambe en l'isle Deserte trouue la Lentille

ẽ ij

Table

vaffafiante. Là il arriue vn vaiſſeau, dont ceux de dedans le cognerent, il s'embarque auec eux, & tous arriuent en l'iſle des Serpens, où les freres ſe rencontrerent chez Batuliree. 125

XV.

Amours de Beleador & Carinthee, ſous l'ombre de ce nom Ierotermia. Prier d'amour ſans eſtre refuſé. Diſcretion. 130

XVI.

Suite des Amours de Beleador, Diſcours de chaud & froid en affections. Magie des Fees, pour ſçauoir l'eſtat des cœurs. Le nauire de Sobare leue l'ancre, & emmeinent les Fortunez. 141

XVII.

Le nauire pouſſé en Calicut, les Sobarites ſont pris priſonniers. Inimitiez des Rois de Calicut & de Sobare, à cauſe de Sorſireon & de la ſainte Galantiſee. Sorſireon & Pocoruſee Syneſaſtes. Les Fortunez ayans imité le Lyon verd, mettent leurs amis en liberté. Le vaiſſeau des Sobariſtes eſt ietté en Aſie, où les Fortunez trouuans vn vaiſſeau de Glindicee y montent. Les Sobarites arriuent à bon port. 150

XVIII.

Les Fortunez arriuent en Glindicee, ſe deſguiſent. La vieille Lycambe medecine vient à l'Empereur pour le guerir. Epinoiſe malade, par l'art de la vieille eſt guerie, & marquee en la cuiſſe, vn ancien marchand la vendicant, elle luy eſt deliuree. 161

XIX.

Vn Marchand fait preſent à l'Empereur d'vne figure d'argent qui declaroit le menſonge. L'empe-

des Desseins.

reur en faict espreuue sur vne Dame, qui faisoit l'amour impudiquement, & sur vne qui estoit denotieuse, & trouua la verité. 172

XX.

L'Empereur faict venir à luy sa fille Losnis & parle à elle : aussi elle luy respond sagement. L'Empereur consideroit la figure, & sur son geste il eslargit Losnis & la mit en vne tour plus agreable. 182

XXI.

La tour de l'exterminee faicte par la Royne Ardelise, qui y extermina ceux dont elle auoit esté offencee. Losnis estant là confera auec Fonsteland par des bouquets bien-faicts. sa resolution auec le Fortuné. 189

XXII.

Lycambe parle des Fortunez à l'Empereur, & apres plusieurs conseils & espreuues il consent au vouloir de la vieille. Dés l'heure il mit Losnis en liberté. Les Fortunez vindrent au temps promis, & l'Empereur les reçoit amiablement. Le voyage à à l'Hermitage d'Honneur est conclud. 198

ENTREPRISE II.

PREPARATION.

DESSEIN I.

LE Roy de Nabadonce vertueux & accompli, voulant que ses enfans fussent bien instruicts, fait assembler les Sages, qui d'entreux en esleurent sept pour Precepteurs des trois fils du Roy. 214

II.

Sarmedoxe fait paroistre au Roy qu'il peut ce qu'il doit, par la demonstration qu'il en fait d'vn nouueau Palais, lequel estant fait fut nommé l'Hermitage d'Honneur, où les Princes furent instituez. Le temps de leur pedagogie acheué, le Roy appelle ses trois fils l'vn apres l'autre, & leur presente le gouuernement du Royaume, dont ils s'excusent sagement : le Roy comme irrité de cela les chasse du païs & ils obeissent. 258

III.

Les Fortunez arriuent à la fontaine, & la Fee les reçoit les menant en son palais, où elle leur raconte l'histoire d'Asfalean, & la cause de la fontaine des amoureux, dont elle deduit les vertus. Discours notable d'Amour plein de galantises. Despit d'vn amant se vengeant. 231

IIII.

Quel animal est le Chrysofore. Les Fortunez pour auoir faict des responces à propos sans penser en mal, sont accusez d'auoir volé le Chrysophore

des Desseins.

de l'Empereur, ils sont enquis par le Magistrat, puis par l'Empereur. Enfin ils sont deliurez. 249

V.

L'Empereur enquiert les Fortunez, sur ce qu'ils auoient dit du Chrysophore, & ils luy en rendirent raison, & comme ils auoient iugé de ce qu'il portoit, ce qu'ayant entendu, il les pria de demeurer auec luy. 256

VI.

L'Empereur par vn secret endroit venoit escouter les Fortunez, & il les entendit parler de diuerses choses, dont il voulut estre asseuré : & pource les vint voir. Ils interpretent leur dire, & l'auisent d'vne trahison contre luy. 262

VII.

Aduis des Fortunez, pour descouurir la trahison. Inuention de l'Empereur pour y paruenir. Diotime parle à Paramissia, qui presumant estre aymee de l'Empereur, declare toute la trahison premeditee. 269

VIII.

L'Empereur ayant assemblé les Sages & les grãds, leur raconte son songe, qu'ils luy interpretent à bien. L'Empereur fait vn beau banquet. Les grands en font aussi, & Paratolme les inuite pour attraper l'Empereur, qui luy fait confesser sa meschanceté. Il est cõdamné à estre saigné le pied en l'eau, il meurt de peur. 276

IX.

L'Empereur donna à Paramissia tout le bien & les Estats de Paratolme. Vn ieune Seigneur la recherche, & elle s'excuse, ayant resolution de n'aimer iamais que l'Empereur. Elle fait enseuelir Paratolme. 287.

Table

X.

Belles amours de Fonsteland & de Lofnis, laquelle s'enquiert de luy pour sçauoir sa condition. Il luy declare sous promesse de le tenir secret: elle en est fort contente, & luy declare qu'elle l'a pour agreable. 291.

XI.

Les effects du Miroir de Iustice. Qui est l'aisné des Bessons. Entreprise pour rauoir le miroir. La Main fatale persecute ceux de Sobare. Lofnis monstre à Fonsteland le Fœnix artificiel. L'adieu des Amans. La Biche a deux cœurs. 302

XII.

Coustume du païs de Narcise, où les Fortunez estans bien receus oyent le discours d'vne belle nouuelle arriuee en Nabadonce, & racontee par vn Pelerin d'amour. Myrepont s'apreste de subir la merueilleuse espreuue. 316

XIII.

Mirepont est vitrifié, & on void ses pensees, puis il est restitué & reçeu profés en l'Hermitage. Pourquoy ce lieu est dit Hermitage d'Honneur. Vray amour quoy? Bonne volupté quelle. Loix speciales de l'Hermitage. Histoire de Glaucigelle. Inuention de l'Echo. Amour surpris en adultere. D'où ce nom de Fee. Oris visite la Fee auec des doutes. L'Ange de la mort est confondu par la Fee, laquelle vient en l'Hermitage, force la Manichore, & est declarée sunueraine. 330

des Desseins.

XIIII.
Les Fortunez sont bien receus de la Royne de Sabare. Apres les mutuels accords passez, Caualiree fait disparoir la main fatale. La Royne luy en demande le secret, qu'il luy declare au tabernacle des Antiques. Elle prie les Fortunez de seiourner vn peu. 354.

XV.
La Royne desire de sçauoir la condition des Fortunez, & ils luy declarent auec serment d'elle de le tenir secret. Fonsteland respond à la proposition de manger en vn iour vn quintal de sel, & explique à la Royne le secret du sel. Viuarambe partage en trois egalement les cinq traits d'Amour, & la belle bague. 362

XVI.
Viuarambe presente son seruice à la Royne, qui le reçoit sous belle conditions. Apres le banquet il fait chanter vn hymne d'Amour en sa faueur, & partant luy laissa vn doux adieu. 373

XVII.
Lettres de Fonsteland à Lofnis. Les Fortunez sont bien receus du Roy de Quimalee. Humeurs & façõs des Princes de Quimalee. Discours d'Amour de Viuarambe auec Cliambe, Princesse heritiere de Quimalee. 379

XVIII.
Actions & vertus du Roy Eufransis qui furent cause qu'vn grand Philosophe luy enseigna la metempsychose par le moyen de laquelle vn rare thresor fut trouué. 402

Table

XIX.

Le Roy enseigne son secret à vn sien mignon, dont il se trouue mal: car il le trompa & se mit en son corps. Le Roy est long temps en vne bische, d'où apres plusieurs fortunes se met en vn parroquet. Jugement du parroquet. Il est donné à la Royne. 410.

XX.

Le Parroquet se descouure à la Royne. Ils deuisent souuent ensemble. La Royne faict vn songe & incite ce Roy à faire le beau secret. Il se met en vne poule, & le parroquet r'entre en son propre corps. La poule est prise. 428

XXI.

Execution de la poule. Vne belle Dame arriue en Quimalee, & Viuarambe l'accoste. Elle iuge que ces trois freres sont les Fortunez, ausquels apres elle descouure qu'elle est Etherine. Canocoïs discourt de l'auanture d'Etherine depuis qu'elle fut exposée. Les Fortunez retournent en Glindicee. 431

des Desseins,

ENTREPRISE III.

PRELVDE.

DESSEIN I.

Legations des Ambassadeurs de Sobare & de Glindicee vers le Roy de Nabadonce. L'Ambassadeur du Roy de Nabadonce vers l'Empereur, cognoist les Fortunez, & sous vne belle feinte les fait cognoistre à l'Empereur. 447

II.

Partement de l'Empereur. Excellence de l'Hermitage. Hymne de la natiuité du Daufin. Plainte de l'Empereur. Discours amoureux de Lofnis & Fonsteland. Le Roy de Nabadonce enuoye à ses fils pour les receuoir en grace. Discours plaintifs de l'Empereur. 458

III.

Parties plaisantes pour le sujet des Dames & sur tout de Lofnis. Contre ceux qui s'offrent à toutes Dames. Stances contre les sorciers & charlatans. Coustumes d'vn May. Remonstrances de Lofnis à Fonstelland. 468

IIII.

Arriuee de l'Empereur en Nabadonce. Don de Selise. Les Princes receus du Roy. Responses de l'Empereur pour les sept Damoiselles & auec Sar-

Table

medoxe. L'Empereur est introduit en l'Hermitage. Vertu du lieu sur les pensees. Premiere seance au Palais de la Lune. 484

V.

Beau debat & dispute de deux Bergers, entr'eux & auec l'Empereur. Sarmedoxe rend raison à l'Empereur de ce qu'on a mis la Lune la premiere. Le Palais des secrets: ce qu'il y a. L'Empereur y va & rencontre bien. 496

VI.

Disarchee tenant maison ouuerte, est cause des Amours des deux Amans ouurans ceste seance. L'Ambassadeur de la Chine est receu & satisfaict. L'estat des vrais Amans. Celuy qui voyoit croistre les arbres. 508

VII.

Les Enigmes que l'Empereur apporta du Palais des secrets. L'Empereur demande encor la raison de l'ordre, & il en est esclaircy. 524

VIII.

Quels furent les banquets de l'Empereur. Amours de Melisse & de Veruille. 539

IX.

Discours de l'Empereur & de Melisse, laquelle luy raconta vne histoire nouuelle, d'Arleone & de ses amours. Et comme vne fille ayant pris l'habit de Gentilhomme, & vn Gentilhomme l'habit de fille, à la fin ils furent mariez ensemble. 554

X.

La belle figure vinifiee: puis reduite en pierre: ses vertus: la tonnelle d'eau: coulobin signifie constance. Discours du brin apporté à l'Empereur. Le petit endroit du Paradis terrestre, & de ses merueilles. 571

des Desseins.

XI.
Belles pointes d'amour. Reuers contre les ames qui desprisent les belles promptitudes. Amours galans de Vosolint & de la petite Floride. Traict sur le suiet d'vn miroir. Passions amoureuses sur le suiet d'vn crayon. 584

XII.
Deux Amans muets sont presentez. Celuy qui les conduit raconte leur auanture. Les menees du Geant sur les enfans du grand Roy Leci, & sur sa personne. Le fils de Leci mal traicté de son pere, est enfin celuy qui le deliure. 603

XIII.
Galantise du Prince de Brancho pour Lofnis. Poemes sur le iaune paillé. Inuention de Gnorise pour destourner l'opinion mauuaise des Amans. 615

XIIII.
Qui est le plus fidele en amour, les dames ou les hommes. Exemples d'amours estranges, & difficilles, ou sans raison. Le verd & sa signification. Amour determiné d'vne Damoyselle. 621

XV.
Hymne sur la couleur de Mataliree. Discours du curieux Glaucigelle auec la Souueraine. Interpretation de Optimum Philosophari, melius viuere. A qui conuiennent ces gentillesses. Amours estrãges. Depart de l'amant incognu. 642

Table

XVI.

Amours chastes de Gifeol & Aderite. L'entreprise de la Tyranne Garonince, pour bailler Aderite à son fils qui en deuint amoureux. Comme les chastes Amans voyoient en la Lune. Les trois questions difficiles exposees par Gifeol. Le cristal merueilleux, par le moyen duquel Gifeol surprend Garonince, luy fait son procez, & est fait Roy. 655

XVII.

Loüange du gris. Le Plaidoyé de la Royne de Sobare contre Viuarambe: comparution de la Fee Epinoyse, & son absolution. Amours de Serafise & de Constant: Fantasies d'Amants differentes. 676.

XVIII.

Humilitez de Viuarambe à sa Royne. La Chambre de la Tourterelle. Quitte, libre, & iouyr de ses amours. Amour immortel. Que c'est que Sentence, Arme, Deuise, &c. Pointe des Amours de Belcador. Les douces reproches de Caliambe à son Fortuné. Le frere d'Etherine vient en l'Hermitage. 692

des Desseins.

ENTREPRISE IIII.

ENTREE.

DESSEIN I.

Le iour pour l'exercice de la Pieté. La sepmaine d'excellence reseruee pour l'Empereur, structure du lieu de deuotion. Artifice de la figure d'vn Crucifix. Bastiment de sale esgale. De l'inuention des lettres, de la science nottee. Comment ie deuins curieux. Particularitez Royales. 711

II.

L'Histoire de Plerastefille de la Terre, racontee au Cabinet mysterieux. 725

III.

Apres souper sur la brune, il vint vn bal de Bergers & Bergeres. L'Empereur les considera fort, & pense y auoir veu Etherine. 751

IIII.

L'entree du grand Melancholique contempteur de ces gentillesses. Il est mis nud en la Tour d'Examen. Il en sort par vn bel artifice, aydé par son Page. 758

V.

Gnorise parle à l'Empereur. Le marchand de la figure d'argent vient demander son don. Le grand Melancholique se presente & est recognu & honoré. L'Empereur se plaint & accuse. La liqueur notable. 766

Table

L'Empereur suit Meliquaste au labyrinthe, où il voit plusieurs apparences notables en allant Meliquaste raconte à l'Empereur la fortune d'Etherine la representation de laquelle luy apparoist dans la Sale du milieu. 775

VII.

Les fleurs que Caualiree representa à Caliambé aussi belles que quand elle les luy donna. Le moyen de les conseruer telles. Raison, Vertu & son Talisman. Discours de l'Hermite sur la vie solitaire. 783

L'HISTOIRE VERITABLE,
OV
LE VOYAGE DES PRINCES FORTVNEZ.

ENTREPRISE PREMIERE.

FRONTISPICE.

LEs Rois verront icy la gloire de leurs magnificences, les GRANDS qui ont fait estat de la VERTV, iugeront par ces diuersitez des fruicts heureux que produisent les actions genereuses: Et les DAMES pudiques iettans l'œil sur ces trauerses y remarqueront les fideles profits qu'apportent les passions legitimes conduites par RAISON: Car toutes ames d'honneur que la curiosité poussera vers ces recherches, discerneront en ces meslanges les effects accomplis qui reüssissent abondamment du DEVOIR. Mais ie demande pardon au Ciel, à l'Amour, & aux beaux esprits, de ce que ie presente indifferemment à tout le monde les excellens mysteres de perfection, pour souffrir mesmes

A

les plus ineptes estre iuges de cet ouurage. Le Ciel me le pardonnera, d'autant qu'il m'a conduit auec les autres, qui tant plus ont excellé & plus ont esté suiets aux iugemens des moindres, & de ceux qui estoient indignes d'y penser, l'Amour m'excusera pource qu'il veut que ses feux paroissent; & les beaux Esprits me remettront ma faute, pour autant que leur loüange s'augmentera en ce qu'ils sont seuls, ausquels i'adresse ces raretez pour leur y representer ce que ie tiens d'eux: Si ie suis moindre que plusieurs qui excellent, ma reputation sera qu'ils m'enseueliffent en l'honneur de leurs merites; Si i'en egale quelques-vns, ils seront tousjours mes lumieres; & si quelqu'vn tasche de se faire voir au dessus de ma valeur, i'auray ce beau contentement de l'auoir eguillonné à la iuste enuie qui nous meine tous vers le terme de felicité. Et ceux que ie surpasseray n'auront point honte de ma gloire, qui sera le Fare de leurs esperances. Doi-je craindre le hasard qui eschet aux plus grãds? Ces memoires auront-ils la disgrace de tõber quelques fois entre les mains communes? Les bouches ignorãtes profereront-elles ces paroles qui enuelopent tant d'exellences? Qu'il arriue; Si est-ce que i'auray ce glorieux auantage pour consolation, qu'il n'y aura que les ames d'intelligence qui conceuront ce qui est icy de notable, les prudens seuls l'entendront; & ce qui est de beau ne sera point le chant ny les paroles vagantes des indiscrets: Et bien que par fois les aërs apparens en soyent possible resonnez par les leures abiectes, le secret pourtant n'en sera cognu que des Sages. C'est ce que mon courage resolu m'en fait penser. En ceste liberté vous ayant pour guide astre de mon bon-heur, vous seul dont l'vnique faueur m'esleue à produire ces grands desseins, ie ne fay plus de difficulté d'estaler les precieux secrets de Sapience: Ie me licentie donc, & prenant carriere pour estre conduit aux vrais sentiers d'Amour, ie m'adresse aussi à vous BELLE que ie reuere sous plusieurs de ces noms, esquels la vertu reluit; à vous lumiere de mon cœur de laquelle ie chante l'honneur sous ces feintes veritables où ie mesle mes desirs, mes seruices, mes passions, & les galantises de ma dexterité: Prenez y plaisir, afin que ie trauerse heureusement toutes dispositions contraires à mes belles entreprises. Et vous tous qui participerez à ces delices, resiouysfez-vous d'icelles & les goustez; Ne pensez pas que ces Rois soient causes de ces effects: Amour qui triomphe de tout, les a reduits sous son obeissance pour les faire trophees de mes artifices: Ce n'est pas aussi pour leur seruice que ie m'occupe; ie les fay seruir aux intentions qui eslancent ma valeur. Ceux qui sont maistres de leurs pensees sont Rois en leurs courages; ce qu'ils honorent, est la loy & le loyer qui les contraint à mettre au iour ce qu'ils meditent. Ces escriuains qui se donnent de l'affliction au recueil des Histoires dont possible ils ne sçauent rien, pource que tout ce qui sort des humains, est souuent suiet à ne conuenir à la verité, Ces pauurets qui mercenaires se molestent l'ame à escrire les actes des Grands, sont seulement proclameurs de la gloire des autres, qui ont l'honneur entier des actions vertueuses. Ie ne seray point de la sorte, car sans

A ij

estre suject à la calomnie qui les persecute, ou aux reproches probables, ie me trace vne belle voye auec la Renommee, en laquelle sans crainte ou soucy des censeurs iniques, ie m'esgaye en mes precieuses inuentions. Ie seray le sujet & le Heraut de mes gestes, & sauourant ma vie, ie la dilatteray à mon gré en ces beaux proiects, esquels ie remarque, voile, ou descouure industrieusement parmy les mignons crespes de ces desseins, ce qu'il y a de recommandable és plaisirs d'esprit, recueüillant de quelques ouurages d'autruy ce qu'il falloit ioindre à mes agreables fantaisies. Ainsi meslant le mien de ce que i'ay glorieusement enleué aux champs par lesquels i'ay passé, ie vay fuyuant les pointes des occasions qui m'attirent apres les idees, lesquelles me fournissent ces abismes de contentements en l'obiect de mes vertueuses affections, & puis tout nous est permis. Et ma BELLE ie vous proteste que

Ce n'est point mon dessein de dire des grandeurs.
   Les Princes ny les Rois, ne sont point ma pensee,
   Amour domteur des grãds, monarque de tous cœurs,
     D'vne plus belle pointe a mon ame eslancee.
Amour veut que raui de vos perfections
     Je n'aye que vous seule obiet de ma memoire,
     Que ie n'aye autre but pressé de passions
     Que vous le seul sujet de mon vnique gloire.
Les Rois ne me sont rien, ie n'ay Rois que vos yeux
     Qui seuls sont sur mon cœur absolus en puissance,
     C'est icy que ie veux paroistre ambitieux,
     Car ce suiect est seul le suiect d'importance.
L'esperance des Grands ne tend qu'à vanité,
     La Fortune s'en ioüe, & le Temps la mesprise.

fortunez. Entreprise. I.

Mais des desseins tracés au iour d'une beauté
La Fortune s'auance, & le Temps s'autorise.
Aussi ie ne pretends autre felicité
Que de me consumer en ma fidelle flame,
Car ie ne recognoy que la seule beauté
Qui cause, & qui nourrit; ce beau feu dãs mõ ame.
Ie n'ay point de desir de Fortune ou d'espoir,
Que de me disposer à vous faire seruice,
Mediter apres vous, & vous rendre deuoir,
Est de mon cœur heureux l'agreable exercice.
Vn doux aër de vos yeux bluettant doucement,
Plus que toutes grandeurs mon ame gratifie,
Ie ne vay recherchant autre contentement
Que viure de ces feux qui font viure ma vie:
Ma Belle croyez moy que ie n'estime rien
Aupris d'auoir l'honneur de vostre belle grace,
Seulement le penser, m'apporte tant de bien
Que tout autre desir de mon esprit s'esface.
Ie ne practique point les Rois pour leur faueur,
Et ie ne discours pas ainsi qu'vn mercenaire;
Ie suis assez contant de vous dire l'honneur,
Que i'ay de rechercher ma Belle à vous complaire.
Toutesfois quand les destours de mes pensees
m'en donneront le loisir, & que ie m'auiseray
de prester mon industrie aux gestes recommandables de quelque Roy qui m'excitera dignement à manifester ses vertus aux yeux du monde, il ny aura rien de galant que ie ne propose; rien de braue que ie ne face briller, & rien de vertueux que ie ne face esclatter: Et bien que parauanture les paroles que i'en retracerois, fussent de petite apparence, si est-ce que sous l'humble escorce de ma façon de dire on verroit tant reluire de beautez,

A iij

qu'encor que le sujet de mon discours fut tout grand, on doutera qui surmonteroit en gloire ou le Prince ou l'Historien.

DESSEIN PREMIER.

Entreprise pour la conqueste de la Nymfe Xyrile: condition des conquerans qui ayans esté eschoués sont secourus par vn vaisseau de Nabadonce, où ils trouuerent les Fortunés auec lesquels ils vont en Sympsiquee.

Nos aërs estoient adoucis de l'odeur de la Paix, le beau loisir rendoit les affaires seures, l'abondauce de commoditez esgayoit les bons esprits, la douceur de la frequentation cordiale les conduisoit aux succez de leurs agreables desseins. Et la tranquilité de cœur faisoit qu'auec plaisir les ames curieuses s'addonnoyent aux hônestes recherches & entreprises notables; Quand la renommee volant par tout, se donnoit licence parmy les courages auantureux d'auacer le glorieux nom de la Nymphe Xyrile, de laquelle on repetoit tant de veritables merueilles, que si les statuës inanimees eussēt eu les oreilles percees, elles s'en fussent esmeuës. Au retentissement de tant de loüanges, trop de cœurs furent esueillez pour la desirer. Et qui a-il plus aymable que ce qui est beau? ou de plus desirable que le Bien? On la paragonnoit à la beauté, on faisoit cas de sa ieunesse accomplie en prudence: mais ces fleurs inestimables ne sont rien au prix des abondans profits qu'elle peut communiquer auec vn abysme de commoditez à celuy qui pourra l'obtenir. Ces discours exciterent les souhaits des desirans, ioint qu'à ceste auanture estoit adiousté l'acquest d'vn Royaume esgal aux plus riches, ce qui donnoit vne vehemente pointe à la premiere emotion. Et puis la condition requise à tant heureuse conqueste, estoit commune à plusieurs; c'estoit tout vn de n'estre point Roy, n'importoit de ne tenir pas rang de Prince: L'ordre de grandeur ny faisoit rien, l'estat ny apportoit aucune commodité, la race ny estoit pas discernee: Il n'y conuenoit que de la magnanimité conjointe à vne valeur durable, conduite d'vn amour parfaict, animé de pieté. A ce bruit nous fusmes esbranlez & nous assemblants plusieurs curieux assez pour employer vn vaisseau, nous-nous mismes sur mer. Nous estions tous d'vne mesme volonté, il ny auoit entre nous aucune enuie, & le reste des vices auoit esté si bien arraché que nos ames espurees de la lie des malignitez vulgaires, estants tous vnis de fidelité, nous voguions vnanimemēt portez au contentement les vns des autres, chacun fournissoit ce qu'il auoit d'industrie pour le seruice de la compagnie; les actions de tous estans temperees de perpetuel respect: Ce qui se maintenoit de si franc zele, que tous en particulier esperoyēt du bien par l'auancement de celuy qui seroit tant heureux que d'obtenir, sçachãs qu'en sa grandeur il nous communiqueroit sa felicité, & feroit tous ses confederez esgaux à luy-mesme. Quelques-vns s'esmerueilleront & tireront, en doute comme il se pourroit, que celuy qui iouyroit de la Belle Xyrile endaignast faire part à vn autre! Nō ames de courage ne presumez pas selon les iniques pensees, & n'estimez rien icy de desraisonnable; Sçachés que celuy qui sera tant heureux que d'auoir ceste vierge, pourra sans se preiudicier rendre contans & bien fortunez tous ses amis & les esgaler à luy, sa Belle sera toute à luy, & ses biens & liesse n'auront aucun hazard de communité: mais la belle grace de la Dame entretenant son cher fauory sera tant brillante de lumiere sur ses consors, qu'ils en seront satisfaits: & la suffisance de ceste accomplie leur fera tant d'ombre de bonheur, qu'ils n'auront desir que de la magnifier, estimer tres-heureux son fidele, & se iuger tres-contans de viure en les admirant. En l'asseurance de telles certitudes, nous nous laissions emporter aux vents & voguions plainement sur la grand Mer de Trifcouie. Tandis que nous estions sur le vaste de ces plaines molles, nous entretenions nos esprits de ce qui plus nous plaisoit, & comme l'Amour fut proposé il aueint que d'vn mesme sentiment nous conclumes tous à l'honneur de la passion pudique qui nous fait souspirer apres la felicité, dequoy ayant l'ame touchee, ie consolé nos amis en leur chantant cet hymne qui leur fut agreable.

Ne menez plus de bruit trompettes amoureuses
  Qui faites esclatter vn amour vicieux,
  Nos ames maintenant toutes deuotieuses
  Sçauent d'vn meilleur aër s'esleuer sur les cieux.
I'a desia nos esprits meus à belles pensees,
  Desdaignent vos desseins, mesprisent vos acces,

fortunez. Entreprise I.

Nos pointes de discours vers le ciel eslancees,
Ne sont comme vos tons, des accords perissans.
Ores retirez vous passions animees
De cette vanité dont les fols sont surpris,
Les celestes desirs des ames enflammees
De l'aër deuotieux rauissent nos esprits.
Qu'on ne nous prise plus ces souspirs deceuables
Qui ont assassiné la vie à tant de cœurs,
Les chants de pieté qui sont plus agreables
Nous vont sollicitans de meilleures ardeurs.
Puis qu'on peut entonner d'aussi belles paroles
Pour la perfection, que pour la vanité,
Je vous quitte à iamais inuentions friuoles
Pour recueillir les aers formez de pieté.
Beaux cœurs qui vous plaisez aux souspirs de liesse,
Oublians vos desirs transmuez vos amours;
Faites qu'vn beau souhait vers le ciel vous addresse,
Pour de suiects heureux repolir vos discours.
Ainsi puissions nous tous reparer nos courages,
Ainsi d'accens diuins resonner en tous lieux:
Et qu'en si beaux accords esleuants nos courages
Sur l'asle de nos voix nous volions dans les Cieux.

Voicy des effects de la cognoissance qui s'acquiert sur la Mer par la resolution que l'on y prend entre l'esperance & la ruine : aussi à la verité la pieté qui est és cœurs, s'y fait voir & par exéple s'y engendre. Estants doncques resolus apres auoir esté asseurez & dignement preparez pour courir bonne & mauuaise fortune, nous nous mismes aussi quelquesfois à conferer de nostre affaire. Or est-il que les sages de nostre pays parfaits en la saincte tradition des meilleures cognoissances, sçauoyent bien le sujet de nostre entreprise : parquoy les ayans pratiquez, ils instruisirent les plus aduisez d'entre nous lesquels receurent d'eux vne carte marine pour l'adresse de nos voyes : Auec ce beau moyen & autres instructions nous taschasmes de prendre la route de Nabadonce & Glindicee : Mais trop nouueaux & à dire vray trop aises de nostre fortune tant prospere, estimans estre desia les plus auancez en cognoissance, nous nous laissasmes emporter aux vents de Soniponi, qui nous enueloperent en tant d'ondes que lors que nous cuidions estre pres de surgir en vn port delectable, nous fusmes jettez contre l'escueil de Filoé, ou nostre vaisseau fut vn peu froissé a costé & & en fin eut esté brisé & nous perdus du tout, sans l'inesperé secours qui nous vint d'vn nauire qui nous fut propice. A la verité ceux de ce vaisseau nous firent grande assistance & dauantage nous receurent benignement auec eux, c'est vn grand bien de faire rencontre de gens charitables, ces personnages nous firent tant de demonstrations de charité naïfue & de bonnes compassions, que nous estimions nostre dommage à bon-heur, ils nous presenterent viures & commoditez & par leur moyen nostre triste vaisseau fut releué : nous le deschargeames & refismes par cy, par là, le mettant en estat de suyure le Grand, auquel nous fusmes receus. Ce bien dernier nous fut vn signalé bon-heur & encor plus grand que la conseruation de la vie, d'autant que trouuer ce qui fait bien viure, est plus que viure : Aussi ce n'est pas viure que trainer vne vie morte, telle qu'est celle de ceux qui n'ont point de beaux desseins, & ne pretendent à aucune perfection. Ha si dés cét heureux instant nous eussions recognu ce que nous auions rencontré, & que nous eussions peu discerner le bien qui s'estoit offert à nous, ou que dés lors nostre ame eut esté capable de resentir la verité qui se presentoit à nous au commencement de nostre fortune, nous n'eussions pas si longuement & incertainement suiuy le vain pourchas où les apparēces nous poussoient à des entreprises hazardeuses & grandes, & pour dire vray tres-notables, lesquelles nous ont allechez & attirez voyants trop eslongnez (par nostre indiscretion) de ce qui s'offroit à nous en l'enfance de nos poursuites. La frequentation de ces gens de bien nous rendit familiers; par ainsi nous sçeusmes vne partie de leur estre, & nous leur racontasmes qui nous estions, nos estats & desirs, vray est que comme font les fins qui cuident l'estre: ce n'estoit qu'en termes generaux, faisans vn peu les entendus: Car nous ne voulions pas ouurir la bouche de l'entreprise pour Xyrile. Miserables que nous estions. Si nous leur en eussions parlé certes à la bonne humeur où ils estoiēt, ils n'ous l'eussent decellee, & nous eussent mis en la droite voye de la rencōtrer. Aussi l'auons no⁹ biē sçeu: car sans eux il ny a pas moyē dy auoir accez, & ils eussent esté tres-aises deslors de nous tāt gratifier, dautāt que c'est leur gloire, & sur tout de trois que nous vismes là qui sont ceux qu'il falloit cognoistre. Nous sçeumes biē à peu pres d'où ils estoient, parce qu'on nous declara ce qu'ils auoient diuulgué de leur estre; c'est qu'ils estoient freres, se disants fils d'vn sage pere qui les enuoyoit voir le pays pour faire fortune, à cōte de quoy ils se nommoyent les Fortunez, qui depuis quelques iours auoient fait voile partant de Nabadonce. Nous auions vn singulier plaisir de leur frequentation, car elle estoit douce, leur humeur desirable, leur presence accostable, & leurs façons extremement accortes. Estans en ce plaisir nous sentismes le respir d'vn vent aussi doux que celuy de fidele Amour, & entrasmes en vne route incognuë, tant aux nochers qu'à nous tous, excepté à vn vieil curieux qui autres fois s'estoit trouué en ceste contree de mers & de terre : cestuy-là nous asseura, en nous racontant de grands merueilles de l'endroit où nous estions, & de l'Isle que nous voyons, au haure de laquelle nous surgismes bien tost. Ayans esté descouuerts par les habitans, il partit d'entre les chaines vn esquif qui nous veint recognoistre : Le Capitaine ayant parlé à nous, & le vieil curieux apres quelque mutuelle conference s'entrefirent chere, & au signal la grand chaine fut baissee, & nous arriuasmes en l'Isle Sympsiquee, de laquelle les coustumes sont cogneuës de ceux qui ont frequenté la Pucelle d'Orleans. Or pource que tant ceux qui estoient de Nabadonce, que nous qui auions desià vescu quelques iours auec eux, auions recognu les Fortunez estre tres-capables, ils furent d'vn commun accord esleus nos conducteurs : Parquoy ceux de l'Isle nous ayans receus honorablement, & gratieusement, nous ne fismes que suiure les trois Freres. Cependant ces bons Insulaires meus de compassion mirent ordre à ce que nostre vaisseau fut racoustré.

DESSEIN SECOND.

Vne Dame raconte à vn des Fortunez la perte de Fulondes, duquel on portoit le Cenotafe en ceremonies, durant lesquelles il apparoist & est recognu.

SI on vouloit naifuement representer la Metropolitaine de ceste Isle, il conuiendroit assembler toutes les belles maisons qui sont en France çà & là, & en constituer vne ville qui seroit le vray pourtraict de ceste-cy, ornee de Palais magnifiques, decoree de theatres, & amphitheatres somptueux, embellie de iardins & parterres exquis, & accompagnee d'vn haure tout industrieusement acheué. Estans-là nous n'eusmes pas seulement pour obiet des edifices excellens, mais nous faisions rencontre de plusieurs trouppes de Dames & Gentils-hommes qui nous demonstroyent tant d'accueil, que ce que nous en voyons, surmontoit aisement ce que nous en pouuions esperer. Or à nostre arriuee nous remarquasmes que ces Dames auoyent le visage vn peu triste; Ce n'estoit pas sans cause que nous estimasmes qu'il y eut là quelque auanture notable, & principalement voyans plusieurs portiques parez, esquels diuersité de gens conuenoyent, celà occasionna l'aisné des Fortunez d'arraisonner ainsi la Dame qui l'entretenoit. Madame, ie vous supplie par vostre courtoisie de m'excuser si ie vous requiers d'vne faueur; Quelle, dict la Dame,

† caualiree

LE FORTVNE. De m'expoſer librement ſi noſtre arriuee en ce lieu, vous cauſe quelque deſplaiſance qui rende voſtre façon (au moins à mon aduis) vn peu contrainte, ce nous ſeroit vn grief deſplaiſir que cela fut, n'ayans intention que d'apporter tout ſeruice où nous nous rencontrons. Ce qui me fait vous en requerir plus inſtamment, eſt que ie crains que nous troublions quelque partie: car comme ie puis iuger, il y a icy quelque beau haſard, ou bien vne couſtume particuliere à ce lieu, & qui ne ſe practique pas autre part, meſmes és autres ports & haures où l'on oit vn grand bruit, on void vne populace meſlee en confuſion, vn amas de toutes ſortes de gens groſſiers & rudes, qui excitent vn murmure deſagreable: & icy nous rencontrons des perſonnes d'honneur vne aſſemblee qui ne denote que modeſtie, vn peuple poly, & vn ſilence diſcontinué parcy, parlà de petits bruits raiſonnables & gracieuſement releuez, le tout orné de diuerſes & belles bandes de Dames qui repreſentent toute apparence de vertu.

LA DAME: Monſieur, puis que noſtre commun bon-heur vous a pouſſez en ces terres, nous ſommes aſſeurees que la iuſte curioſité vous incite à voir & rechercher ce qui peut rendre parfaits ceux qui font profeſſion de l'honneur, parquoy vous pouuez vous aſſeurer d'eſtre les bien venus: Ce que nous ſommes triſtes n'eſt pas à voſtre occaſion, ou que nous craignions d'eſtre ſurpriſes, bien qu'il nous tourne à deſplaiſir que vous ayez remarqué à la premiere veuë que noſtre viſage fait preuue de quelque alteration interieure: Vous eſtes en lieu, où ſi nous pouuons, vous receurez toute courtoisie & honneur: Et afin que ie vous en asseure par effect, vous satisfaisant selon vostre demande, ie vous conduiray à ce Palais prochain où vostre repos vous attend, & pour esclarcir vostre pensee, ie vous declareray vn ennuy que nous auons, lequel vous sera encores plus descouuert par la ceremonie qui sera faite apres midy en ce bel espace que vous voyez entre ces deux iardins qui s'estendent à la mer. Ie ne puis le dire sans regret. Depuis sept mois en ça il nous est aduenu vne grande disgrace: C'est que le fils du Roy dernier recognu en ce Royaume, ieune Prince, beau entre les accomplis, vaillant parmy les magnanimes, l'œil de ceste Isle & l'espoir de nostre deffence, s'il nous aduenoit de la guerre, comme quelques fois il suruient apres vne tourmente generale, & que les luminaires sont en grande ecclypse, car alors nostre mer qui est du tout differente des autres, deuient durant vingt iours semblable aux autres assemblees d'eaux, & les Pyrates & autres qui suiuent les routes marines peuuent surgir icy, & nous faire de l'ennuy: Celuy doncques que nous tenions pour nostre deffenseur au besoin, Patron auquel on faisoit aduiser les enfans pour les inciter à la perfection, celuy que chacun aymoit, sans qu'aucun luy voulut mal, qui estoit chery & reueré de tous, est perdu, & d'vne façon trop estrange: Le dernier iour que nous le vismes il estoit icy parmy nous à se recreer selon les douces occurrences dont nous auisions nos cœurs, & ayans passé le temps iusques au soir, il inuita la compagnie esleuë de se trouuer le lendemain en sa maison, où il y auoit partie faicte de combatre à la barriere, courre la bague, rompre en lice, & practiquer plusieurs autres exercices vertueux, pour lesquels authoriser dauantage, il fit dés le soir chanter vn aër nouueau deuant sa maistresse, & si vous pensez y prendre plaisir, ie le vous monstreray, le voylà, s'il vous plaist, iettez l'œil dessus, tandis que ie prendray aleine en montant ce petit tertre.

Astres dont les beaux feux influent en mon ame
  Les fideles ardeurs de mes affections,
  Ainsi qu'vn beau miroir vous receuez ma flame
  Dont vous me consumez par vos reflexions:
Comme en perfections vous estes la premiere,
  Aussi rien n'est egal à mes fidelitez,
  Et mon ame qui est en ses desirs entiere
  Ne forme point pour vous de desseins limitez:
I'ay le cœur releué pour vous faire seruice,
  Vos fauorables yeux tousiours m'animeront,
  Aussi ie chercheray la fortune propice
  Aux infinis effects qui le tesmoigneront.

Nous luy auions promis d'assister à ces belles parties, & de fait des le matin nous allasmes en sa maison: mais nous ne trouuasmes pas celuy que nous desirions, il ne parroissoit point, & n'y auoit personne qui nous en peust dire des nouuelles: Nous allions & venions assez, & rien ne le manifestoit, pour vn temps, chacun estimoit que ce fut vne ioyeuse feinte qu'il fit pour nous faire debattre: Helas la feinte est deuenuë verité, nous ne l'auons pas veu depuis: & bien que nous ayons fait diligente enqueste en tous les endroits de l'Isle, dont il n'est sorty personne sans nostre sceu, nous n'en auons entendu aucunes nouuelles: parquoy

quoy estimans qu'il n'est plus, le conseil a esté d'auis de luy faire ses obseques, & luy esleuer vn Cenotafe que vous verrez tantost: voila qui est cause de nostre tristesse, qui ne vous touchant que par commiseration, ne vous empeschera de prendre en ce lieu le temps & le plaisir honneste que vous desirez.

Plusieurs discours s'estans suiuis, le midy passé que la ceremonie se preparoit, les Fortunés se proumenans auec quelques Demoyselles filles, ausquelles il n'est pas permis en ce pais-là, d'assister les conuois mortuaires, d'autant qu'elles sont destinees plustost à nopces & lits Hymeneens qu'à cimetieres, les troupes funebres commencerent à paroistre: & les Fortunez eurent congé de s'auäcer vers les Dames, pour aller voir & recognoistre ce qu'ils pourroyent. Les hommes vestus de dueil cheminoyent de tel ordre, sept aloyent ensemble l'vn apres l'autre, & arriuez à certain terme s'arrestoyent, tant que sept autres se ioignissent à eux, pour cheminer deux ensemble iusques à vn'autre pose, où ils s'arrestoyent encor, cela se continuoit tant que peu à peu ainsi tous les rangs fussent ioints, puis apres ils s'eschappoyent & retenoyent petit à petit tant qu'il se fit vne lozenge, apres laquelle estoit porté le Cenotafe suyui des chantres, puis de l'assemblee generale du peuple, selon les qualitez & rangs modestes. Le Cenotafe fut posé au milieu du parterre preparé, & les gens de ceremonie s'en retirerent vingt pas loin, à ce que par l'espace d'vne heure, on le peut visiter auant que faire les plaintes. Le plus ieune des Fortunez apres l'auoir obtenu des Demoyselles

+ representation   2 viuaraïbbe

& de ſes freres alla viſiter le Cenotafe & en eſplucha l'edifice, qui eſtoit en forme de pauillon, ayant les coſtez de long fermez de vingt piliers de iaſpe, & ceux de la largeur accommodez de ſept d'ebene, tellement diſpoſez, qu'aiſément on diſcernoit ce qui eſtoit dedans, c'eſtoit vne lame d'or fin toute nuë autour, & au milieu il y auoit en lettres d'argent ceſte proſe,

Icy eſt vn ſepulchre qui n'eſt point ſepulchre,
 Icy repoſe vn corps qui n'eſt point corps,
 Icy eſt vn eſprit, qui ne fut onc eſprit,
Il n'y a icy ny corps, ny eſprit, ny ſepulchre,
 Tout eſt ſepulchre, eſprit, & corps.

Le Fortuné ayant rapporté à ſes freres ce qu'il auoit veu, leur en demanda leur auis: Ils luy dirent, puis que vous auez tout bien conſideré, c'eſt à vous d'en dire ce qu'il vous en ſemble, à cela les Demoiſelles adiouſterent leurs prieres: adonc il dit, Ie ſuis deceu en mon opinion, s'il n'y a icy vne grande feinte, & ne doute que qui a fait cet eſcrit ſcait ce qui en eſt: Ie m'aſſeure que c'eſt vne perſonne ſcauante qui recognoiſt le dueil des autres que elle flatte en s'en riant, ou bien ſ'en attriſtant par telle pitié, qu'il n'y a pas eu moyen de ſ'exprimer qu'en celant quelque ſignalee meſauenture. Durant ces diſcours la Dame qui le matin auoit entretenu les Fortunez, ſuruient, & ayant ſceu ce que le ieune Fortuné penſoit de ce ſujet, par la repetition qu'il en fit & la ſuite qu'il en continua, elle luy reſpon; Heureux cheualier ie croy que vous auez des particulieres intelligences, & que le plus recellé des cognoiſſances eſt en voſtre cœur: quand ie penſe à ce que vous dites, ie m'auiſe que nous auons entre nous vne vieille Fee, qui est celle là mesme qui à la priere des parens a pris le soin de tout ce qui appartiēt à ce feint tombeau pour y mettre ordre & l'executer. Sans doute elle qui est pleine de tous artifices, pourroit bien sçauoir des nouuelles du suiet de nostre ennui. Des le matin elle m'a dit qu'elle auoit affaire, & que difficilement se trouueroit au conuoy, i'entre en quelque soupçon d'elle qui est forte en science, grande en secrets, magnifique en inuentions, & abondante en toutes finesses. Comme ils deuisoyent il s'esleua vn grand bruit, vn tumulte de gens qui ne sçauent ce qu'ils disent. La Dame appelle vn page pour sçauoir que c'est & l'enuoye s'en enquerir, il s'en recourt tout esmeu: C'est, dit-il, Madame, l'esprit du defunct qui s'est presenté à la compagnie, voyez ceux qui l'ont auisé comme ils fuyent, mesmes les plus sages se retirent. Les Fortunez auancerent auec les Dames & faisans signe font arrester ceux qui s'espouuantoyent; vn de la troupe veint à eux disant, Sans doute c'est luy, il veut s'approcher, on le fuit, il se presente, on recule, il veut passer par le chemin haut & on l'empesche; Alors les Fortunez s'approchans de la noblesse, apres auoir parlé aux plus auisez, allerent gayement vers celui qui s'approchoit, Ce n'est point, disēt-ils, vn esprit, ce n'est pas vn fantosme, ses yeux sont humains, son geste est d'vn homme, alons à lui & l'oyons. Adonques ceux qui l'auoient estimé vn ombre, eurent l'asseurance de le recognoistre, & ainsi plusieurs le vindrent saluer lui donnans la main, & la Dame s'approchant de lui s'auance à l'embrasser auec ces mots, Fulondes mon cher

B ij

cousin ie voy bien que ce qui est deuant moy n'est point vn ombre, ni vne ame vestue d'vne triste representation impalpable, vous estes celui dont l'absence nous a causé tant de tristesses, aussi vous nous ferez cause d'vn grand contentement : puis que vous respirez encor auec nous l'air de ceste vie. Puis se tournāt vers les autres leur dit, Approchez vous, vous ne rencontrerés point vne vapeur vagante, ni vne semblance espouuentable ; En verité les bons discours de ces Gentils-hommes estrangers m'ont donné l'asseurance à laquelle ie vous inuite : Puis prenant le personnage par la main, Reuenez, lui dit-elle, pour iouïr encor de la frequentation de ceux qui conuersent ensemble temporellement : Fulondes autant aise que ceux ausquels il occasionnoit le semblable plaisir, se voyant recognu ne voulut point passer outre, & biē qu'on le priast instamment d'aller en sa maison pour se refraichir, si voulut-il deduire sa fortune à l'instant, & sur tout ayant entendu l'occasion des ceremonies qui s'offroyent, & ayant fait signe à vn soldat qu'il lui apportast vne chaire, il s'y reposa pour raconter son auanture.

DESSEIN TROISIESME.

Fulondes raconte ce que la vieille Fee luy fit, & comme ietté en la grotte, il fut auec le serpent, où il vescut de la pierre rassasiante. Le serpent l'esleua de la grotte. Et la vieille Fee s'y precipita.

LE iour que ie pensois receuoir la compagnie que i'auois inuitée en la maison de ma mere, m'estant leué assez matin à cause que mon esprit estoit vn peu esmeu, ie sorty auec vne harquebuse de chasse en ma main, & m'en allay en intention de tirer quelque coup, ie tracé sur les orées de la forest noire, où ie vy vn loup ceruier cheminant negligemment, ie m'auancé, mais en vain : car m'ayant apperceu, il s'enfuyt, la poursuitte que i'en entrepris m'attira tant auant en la forest, que ie m'esgaré, & plus ie pensois me desueloper de la forest, plus ie m'y enlaçois, à la fin allant & venant, ie commencé à me recognoistre, car ie remarqué la fontaine de la Fee Fleurose, qui est autant gracieuse que sa mere est meschante : ie trouué la belle cueillant quelques herbes, & elle m'ayant enquesté de mon auenture, me pria d'entrer en sa petite maisonnette, elle m'en pressa assez, mais ie la refusé, luy faisant mes excuses qui estoient legitimes, lesquelles ouyes & receues, elle me monstra le chemin pour estre bien tost hors de la forest. Ie prenois congé d'elle, & n'en auoit pas encor laissé aller la derniere

B iij

voix, que sa mere suruint, qui m'ayant arraisonné, me remostra qu'il estoit trop tard pour retourner à ieun, & me sçeut tant persuader que ie luy obeis, & demeuré à desieuner auec elles : ô que grandes sont les persuasions des vieilles qui font semblant de se soumettre, afin d'ęlacer les esprits qui croyēt. Cette vieille me fit tant de seruices (ainsi ie les homme, car il n'y a que les amans & les traistres qui se dilatent extremement afin de s'obliger les esprits) me faisant secher, chauffer, & popeliner ainsi qu'il en estoit de besoin, d'autant que i'estois tout en sueur, sa fille l'auoit bien veu, mais la hôte que sa pudicité luy escrit aux yeux, la retenoit, si qu'elle m'enuoyoit bien tost, & cette vieille hardie, à laquelle il estoit seant de me gratifier mollettement, executoit en moy ce qui m'estoit necessaire, & qui l'aidoit à la trame d'acheuer ce qu'elle ourdissoit. Le repas champestre fut appresté & presenté: ie m'en soulagé à mon besoin, puis ie pris congé des Dames, remportant auec moy l'innocence, auec laquelle i'y estois entré. Ie fus remis courtoisement en mon chemin, & m'en allay auec la coustumiere façon qui me guide en mes actions, mais ie ne fus pas à deux cens pas de là, que ie senti l'effort du sommeil qui me contraignit de luy obeyr, dont ie me iettay sous vn arbre sans election. Me voilà pris, ie ne sçay qui ie fus, à qui ie me trouué recommandé, ny comment il m'aduint, car plein de venin somnifere, ie dormy profondement, puis le pouuoir dormitif estant cessé, ie m'esueille, & me trouue non sous des arbres où ie me souuenois m'estre endormy, ains en vne grotte creuse, my-obscure, seiche, triste & espouuantable, il n'y auoit qu'vne veuë dont le souspiral estoit inaccessible: En ce lieu de misere gisant sur la dure impiteuse, ie me sentis pres du roc desseiché, & touchant viuement la dureté de la pierre, i'appris que i'estois tout nud, le sentiment m'y fit prendre garde, parquoy ie me vis à la clairté telle qu'elle se pouuoit communiquer, que i'estois despouillé de tous vestemens, n'ayant que ceste peau de cheure deuant moy, dőt ie suis ceint, au reste i'estois las, abbatu & de forces si aneanti, que mon resueil me fut espouuantable. Mes sens rassemblés, mon esprit recueilli, mon iugement ramené, ie me vy en ceste caue profonde, loing de tout moyen d'en sortir: Et puis si ie le disois en la sorte que ie le recogneus, ie vous ferois perceuoir les plus horribles peurs dont on nous faict crainte pour domter nos actiõs folles: ie me trouué là seul, c'est peu, sans espoir, il peut reuenir, sans commodité, elle se rencontre, mais i'aduisé outre ma pensee vne compagnie de difficile frequentation, qui me mit en l'ame toutes les idees de crainte, c'estoit vn grand serpent aislé qui repairoit au fonds de l'antre: Ce serpent ietta ses yeux sur moy, les rouillant horriblement, & ie cuiday qu'en ce geste il me marchandast pour se venir ietter sur moy & se rassasier de ma triste chair. Tout desesperé, ne craignant plus que ce dernier hazard, que i'estimois ineuitable, ie m'allay tappir en vn petit cognet, qui tousiours depuis a esté mon logis, vn cœur valeureux le peut-il dire? la nuict me fut biẽ longue: d'autant que i'auois peur, & si pourtant ie faisois de belles entreprises pour estouffer le

dragon, mais ce que ie meditois estoit vne audace d'enfant nud contre vn geant armé; d'vn petit
chien vers vn cheual valeureux. Au matin que le
iour nous eut faict veoir ce que ie trouuois encor
plus espouuentable, ce grand & dangereux animal, se secoua espouuantablement & se battant
d'aisles & de queue, fit toute resonner la cauerne:
Ie me iugeois à ce coup & m'attendois d'estre
deffait, m'asseurant qu'il se preparoit pour me
venir deuorer & faire vne gorge chaude de si peu
que i'auois de bon sang, i'estois en ceste perplexité: & toutesfois le pauure animal ne s'en es-
meut aucunement. Enuiron le midy le dragon
comme esueillé fit vne vehemente saillie, & s'ai-
dant de ses aisles se donna large parmi l'antre,
vers la voute duquel il vola plusieurs fois, s'es-
gayant en ses passades aërees, puis s'estant roulé
sept ou huict tours côtre le fons de nostre desplaisant habitacle, & ayāt ietté ie ne scay d'intention
quelles œillades sur moy qui l'attendois tout desolé pour terminer ma vie & ma tristesse, il s'alla
renger vers vne pierre qui est au septentrion de la
grotte, & s'estant alongé de toute son estendue
se redressant vn peu sur les mains, se mit à lecher
ceste pierre, & fut à cest exercice quelque demi-
cart d'heure, puis s'estant vn peu esiouy s'en retourna en son lieu: sans me faire aucune auance
du dommage auquel ie m'estois resolu: ie patién-
tois attendant le trespas que ie me tenois tout asseuré deuoir auenir par les dēts de ceste beste, laquelle toutesfois ne fit aucū semblant de me vouloir offécer. Deux iours se passerēt que ie veid ses
gestes de mesme, & ie ne bougeay de mon petit

coin, auſant le ſerpent viure à ſa fantaiſie comme il auoit accouſtumé au troiſieſme iour que la faim me preſſoit, ne ſcachant qu'eſlire ou la cruauté du dragon, ou l'extremité de la miſere, ie me hazardé & m'approchay de la pierre, eſtimant que poſſible la beſte me viendroit deſtruire, ou ſans m'attaquer me laiſſeroit en paix. Le pauure animal me regardoit aſſez faire, mais il ne ſe bougea. Ie me beſſay pres la pierre & la leché, ayant opinion par l'obſeruation que i'en auois faite, que le ſerpēt viuoit de la ſubſtāce qu'il en ſuccoit, apres l'auoir vn peu lechee ie ſentis en mon eſtomach, vn paiſible allegement, ſi que mon grand appetit fut eſteint: i'eu frayeur de cet accidēt, dont pourtant ie me conſolé, croyāt que le venin refroidiſſant le chaud de mon interieur, me communiquoit le repos de la mort, qui m'eſtoit plus douce en ceſte penſee, que d'eſtre auec douleur deſchiré & tué. Mais ceſte opinion paſſee par le ſuccés, ie me reſolu, & depuis ie ſoulageois ainſi mon deſir, quād la faim m'en ſollicitoit. Quelques iours s'eſtans paſſez ſans que ma peur le fut, le Dragon s'aprocha de moy, me faiſant ſigne de la queuë & de la teſte: ie les pris à careſſe, d'autāt qu'il me fit tout au rebours de ce que ie cuidois, parquoy i'obtemperé à ſes façons flatteuſes, que ie receu, vſant du reciproque, ſi bien que ie m'appriuoiſay auec lui, tellement que depuis nous frequentions & iouions librement enſemble: il ſe venoit coucher aupres de moy & m'eſchaufoit, ſe mettant entre le vent & moy. Les premiers iours il auoit vn peu l'aleine puante, & cela paſſa peu à peu: parce qu'apres qu'il eut digeré l'odeur du ſuc des mauuaises viandes & corruptibles à putrefaction infecte, telle que la nourriture ordinaire de ces animaux rauissans, & que son estomac fut netoyé ceste puanteur cessa. En ceste familiarité nous prismes habitude mutuelle, & priuauté auec asseurance l'vn de l'autre, tellement que ie le touchois où ie voulois, ie lui mettois la main entre les dens, & il me leschoit les doigts, ceste façon de viure nous fit contracter telle amitié qu'il ne me fit aucun desplaisir, & ie ne luy en pouuois faire, & de fait ie n'eusse osé & depuis ne le voudrois, quand ie le pourrois. Il est bien vray que i'auois neantmoins toutes ses faueurs vne friuole peur, qui me faisoit penser qu'au renouueau il feroit de ma triste chair gorge fraische auant que s'en aller. Ceste apprehension me rendit si deuot, que i'espere qu'à mon imitation plusieurs embrasseront la pieté: quand i'auray donné au monde le pourtrait des mouuemens interieurs qui m'y ont poussé. Or il y a treze iours que desia, ainsi que ie pouuois iuger, le temps estoit clair & beau, & mon Dragon humant ceste douceur leuoit le nez, vers la iourniere de la grotte, à laquelle il vola & sortit, puis reuint enuiron vne heure apres, & se mit à me faire plus de caresses qu'auparauant: Il sembloit qu'il me raconta des nouuelles du beau temps: Ceste beste se glissoit contre les bords de l'ouuerture, dont la mousse tomboit, & durant trois iours continuoit ce labeur, sortant & reuenant, & à chaque retour il me faisoit infinies douces demonstrations que ie ne pouuois bien entendre: à la fin comme me voulant persuader expressément, il me fit.

des gestes gracieux plus & en plus auantageuse sorte que iamais, les ornant de sousmissions apparentes, & m'incitant à ce qu'il vouloit, & ie ne l'entendois pas, il se veautroit deuant moy, & comme il m'estoit auis, il souspiroit ne plus ne moins que s'il eut eu regret de me laisser, ou que ie ne le pouuois suyure. En cet excés de bonne volonté s'il y en a aux animaux d'autre genre que les hommes, ce piteux animal, ce pitoyable serpent, me faisoit tous les iours & à toutes heures des gestes, qui sembloyent m'exciter à sortir auec luy, il s'esleuoit & en la violence de son vol, se bandant pour se grimper il me presentoit sa queuë, il me la laçoit mignardement autour des iambes, me l'offroit amoureusement, pour l'embrasser, & la coulant mignonnement, m'inuitoit à l'empoigner. Ces façons, ceste grace, ceste vehemente recherche, me donna courage, adonc d'vne determinee resolution, ie me laçay à ceste longue queuë, à laquelle ie me ioigni le plus estroittement que ie peu, & le dragon qui conspiroit à mon bien, crochant l'extremité de son estendue me lia fermement à luy, & de telle force que quand i'eusse voulu m'en distraire, il ne m'eut pas esté possible. Estans ainsi ioints, il s'eslança de force, & donnant des aisles au vent, s'enleua m'emportant auec luy, & m'arracha de ce miserable tombeau, où ma vie & mon corps gisoyent ainsi que hors du monde: Estans dehors & assez auant en l'air à cause de la viste secousse & vehemente volee dont il se banda, ie me vis encor entre la mort & la vie, ne sçachant qu'esperer, tandis que ie formois ce pensement, le bõ animal

acheuāt la voulte de son vol, se rabaissa languide-
mēt vers terre, & auec telle consideration, qu'ap-
prochāt d'ēbas, il en rasoit la superficie de peur de
m'offēcer en me laschant, se laissant couler si doucement sur l'herbe, que ie n'eusse peu mieux
me soulager : ce faisant, il allongea sa queuë & se
deslia de moy fort agreablement, puis apres auoir
(ie ne sçay comme ie dois nommer ceste mi-
gnardise) dit en gestes naifs ce que son cœur ima-
ginoit de bon, il prit le vaste des aers, sur lesquels il s'est guindé prenant la route de Leuant:
Estant hors de ce gouffre, & du pouuoir du Dragon, de la raison duquel ie n'ay aucune asseurance, d'autant que le naturel n'est transmué, sans le
changement manifeste de ce qui doit estre mué:
ie repris mes esprits, & apres auoir consideré ce
que i'estois, & d'où ie venois, ie remarquay vne
petite sente non gueres frayee, que ie suiuy iusques à vn chemin qui m'estoit incogneu : y estāt,
i'estois en peine, ne sçachant si ie deuois prendre
à droicte ou à senestre. En ce doute, i'entre-vis
assez loing de moy comme vne personne, ie ne
fus pas deceu, car il estoit vray : adonc ie me ha-
stay en intention de m'enquerir de mon chemin, approchant de celle que i'auois veuë, & la
discernant, ie cogneus que c'estoit vne femme
qui cheminoit pas à pas, resuant profondement
à teste baissee : l'abordant, & parlant à elle, elle
sortit de son penser, & leua la teste, puis m'ayant
enuisagé, se tourna & fuyt. Ie ne perdi point tēps,
ie courus apres, ie l'atrape & empoigne le pā de sa
robe : Se sentant arrestee, elle iette ses mains à sa
face, & auec plusieurs cris effroyables parla en

ceste sorte, Helas! pauure ame vagabonde, ie te prie aye mercy de moy, va en ton repos, & n'exerce aucune vengeance sur mõ corps: i'en poursuy d'auantage à tirer de ma vie la punition que ie merite: car desia la peur que tu as assemblee en mon ame la fait assez mourir, acheue ta course, & sois contente, tu verras bien tost mon esprit malheureux qui aura laissé ce miserable corps. I'estois presque espouuanté de ce que i'oyois, & n'eust esté, que ie sçay bien que les esprits separez n'ont plus de frequentatiõ auec la chair, i'eusse pensé estre hors de ce corps. Me rasseurant & cognoissāt de plus en plus, celle que ie tenois, qui estoit la vieille Fee, ie pris occasion en la menaçant de l'interroger de ce qui me vint en la pensee. La craintiue toute abbatuë de terreur se iette à genoux deuant moy, me suppliant auec abondance de larmes. Ceste contenance me rendit certain de l'effroy & nyais espouuantement que plusieurs prennent de ce qui n'a aucune puissance de nuire: alors la desolee & esperduë femme me confessa que quand ie desieuné auec elle: elle auoit meslé en mon vin l'essence de pauot Indique preparee sans goust & odeur, n'ayant autre qualité, que celle qui fait dormir, selon la practique faite au chasteau d'Arandos, adioustant en son discours que le mauuais vouloir, & l'enuie qu'elle portoit à nostre famille: pource que souuent il eschet que les Rois en sont, estoit cause qu'elle me vouloit exterminer, & faire perir par les dents du dragon, qu'elle disoit m'auoir deuoré il y auoit long temps, & qu'elle alloit en la grotte amasser mes os, sçachant que le serpent n'y estoit plus,

Ayant par ces propos appris ceſte grande meſ-chanceté executee ſur moy: & meſmes quelle m'auoit deſpouillé, & par deriſion enueloppé de ceſte peau de cheure, & ietté en la grotte, où ie pris vn ſi grand ſault, que les membres m'en ont long temps eſté douloureux, ie demeuré tout muet & preſque trãſi, m'eſbahyſſant de telle malice & meſchanceté: Ie me mis à la regarder d'vn œil furieux, & deſpit, deliberant ſur la punition qu'elle meritoit: Ie n'eus pas loiſir de me reſoudre que la vieille m'eſchappa, tirant à grande allure vers la ſpelonque, ie la ſuiuy pour voir ce qu'elle deuenoit: Elle ne fit aucune poſe, car tout d'vn coup elle ſe precipita en l'antre, ce qu'ayant veu, ie me remis au chemin, & de ſentier en ſentier apres m'eſtre recogneu, ie ſuis venu en l'equipage que vous me voyez. Voilà comme i'ay eſté perdu: telle a eſté la ſorte dont i'ay veſcu, & ie vous fay manifeſte preuue, que ie ſuis ſorty du gouffre, eſtant eſchapé du plus triſte enfer que la crainte ayt iamais imaginé.

Ayant acheué ce merueilleux diſcours, les chãtres qui s'eſtoient appreſtez aux chants lugubres (par le cõmandemẽt des ſuperieurs) s'aduãcerent ſur les tons & accords de lieſſe, & firent cõpagnie à Fulondes, que toute la Nobleſſe & multitude du bon peuple conduiſit en ſon chaſteau. Les plaiſirs en furent celebrés auec toutes ſortes d'eſbats, & n'y eut aucun qui ne fiſt quelque partie pour en demonſtrer ſon aiſe. Les Fortunez participerent à ceſte ioye, auec leſquels nous auions auſſi toutes ſortes de recreations. Or chacun prẽd plaiſir à la recherche qui luy touche le cœur, &

pource en toutes rencontres, nous espluchions tout ce qui quadroit à nostre meilleure fantaisie, suiuant les Fortunez, ausquels on communiqua toutes les singularitez, si qu'ils virent les excellences, remarquerent les raretez, considerans les artifices, bastimens, & tout ce qu'il y auoit de plus exquis en ce petit Cabinet du Monde. La sage Dame leur hostesse leur declara les coustumes & statuts de l'Isle, & les auantures qui s'y acheuent, leur racontant celle du Roy Rosolphe, qui depuis quelque temps y auoit enuoyé ses Ambassadeurs.

DESSEIN QVATRIESME.

Rosolphe n'aymant point les Dames deuient seruiteur de Férisee, qu'ayant veüe il demande à femme. Estant Roy, elle luy demande vn don, qu'il luy octroye sous des conditiōs qu'ils debattent, & elle le vainc. Il la faict ietter au fonds de la Tour des Chiens.

CESTE Dame accōplie qui desiroit retenir le plus long tēps qu'elle pouuoit ces trois freres tant agreables, leur fit le discours de ceste histoire. Du tēps que la prudēce gouuernoit le Royaume de Crāce, par l'industrie du vieil Roy Seliō duquel les trophees estoiēt grauez és courages de ses suiects, & marqués en la paix dont il les faisoit iouyr, tout rioit en ce beau pays, & le peuple cõtent de son bon Roy, n'auoit autre frayeur que de le perdre, toutesfois il y auoit esperance que la perte ne seroit pas absoluë, car il auoit vn fils bõ beau, sage & vaillant, mais desia vn peu aduancé en âge, & ne desirant point estre ioinct à vne femme, à cause d'vne desdaigneuse opinion qu'il en auoit conceuë estimant les femmes estre la ruine des cœurs, & le mariage le sepulchre des viuans: & bien que le Roy son pere prist peine de le diuertir pour faire changer ceste opinion, si ne pouuoit-il y entendre, par ce que son courage n'y estoit pas enclin. Or comme toutes rencõtres ont leur têps, il aduint vn soir que ce Prince estant en deuis familier auec les Dames qu'il frequentoit, plus pour monstrer qu'il sçauoit bien qu'il estoit fils d'vne femme, que pour plaisir qu'il y prit. Vne ancienne de la compagnie qui auoit esté sa nourrice, se mit à discourir des beautez & perfections de Ferisee fille d'vn Gentilhomme du pays, laquelle elle exaltoit sur toutes, mesme par dessus les accomplies de la Court, où cette-cy ne hãtoit pas, pource que le pere la cognoissoit estre belle, & ne desiroit point qu'elle fust occasion de luy donner du trouble par la demande qu'il pensoit que bien tost on luy en feroit contraire à sa resolution, & ainsi ne pourroit euiter les inimitiez de ceux qui la demanderoient, & ne la pourroient obtenir. Encor qu'il la retint de voir la Court, si ne laissoit-il de luy permettre toutes hõnestes & licites libertés, & mesme l'exercice de la chasse, dont elle se delectoit singulierement,

s'estant

s'estant tellement pour ce suiet addextrée à tirer de l'arc, qu'elle pouuoit aisément emporter le prix sur ceux qui en faisoient estat. Le Prince Rodolphe qui n'auoit iamais pensé, qu'il y eust beauté capable de l'esmouuoir, oyant si aduantageusement parler de ceste Demoiselle voulut la veoir, mais auec respect: pour à quoy paruenir, il s'enquit de la façon de viure de la belle, à quoy il s'accommoda si discretement & secretement, qu'aucun ne s'apperceut de son dessein. Il sceut, que Ferisee selon sa coustume estoit à la chasse, & il prit si bien le téps, qu'il la trouua côme par hazard, il auoit de la conscience, & sçauoit bien que quand les grands, & sur tout de son rang, alloient visiter les Dames, les mesdisans en prenoient occasion d'esguisoires à leurs fers, dont ils taschent à frapper la reputation. Son entreprise fut prudente, & se trouua au lieu désiré fort peu suiuy, comme reuenant de quelque partie faicte, & vint assez pres de l'endroict où la belle estoit, auec quelques Demoiselles ses cōpaignes; il ne fut pas veu d'elles, d'autant qu'elles estoiēt attentiues à vn coup que Ferisee miroit, ce qu'ayant apperceu le Prince, il se hasta, & ayant l'arc en main, il descocha le premier & emporta l'oiseau que la belle pretendoit seulement fraper, de sorte qu'elle luy eust emporté le pied & le bec. La belle ayant veu ceste deception sans sçauoir d'où elle procedoit, vid la compagne de l'oiseau blessé, s'enuoler, dont soudain pour n'auoir visé à perte, enfonce sur l'oiseau volant qu'elle enfila de bonne grace. Ce coup fait, elle se destourna, & vid le Prince qu'elle cognoissoit pour l'auoir veu passer par la ville lors qu'elle

C

y alloit pour acheter des eſtofes, mais elle ne fit aucun ſēblant de le tenir pour ce qu'il eſtoit: Roſolphe ayāt fait leuer l'oiſeau par vn page, l'enuoya à la Demoiſelle, qui le receut gracieuſement, cōme d'vn Gentilhōme que la courtoiſie incitoit: & le page luy dit que ſon maiſtre le luy enuoyoit, en ſigne du prix qu'elle auoit merité pour ſon adreſſe. Incontinant elle fait auſſi prendre celuy qu'elle auoit abbatu, & l'accouplant à celuy du Prince, les luy enuoya tous deux, auec parole que c'eſtoit en teſmoignage de ſon plus aduantageux merite. Le Prince prenāt les deux oyſeaux, ſon arc & ſes fleſches enuoya tout à la belle par le page, qui le poſant à ſes pieds ſe retira en diligence par vne voye, qui fit perdre les erres du Prince, ſi qu'elle ne peut plus riē renuoyer. Roſolphe ne voulāt point eſtre vaincu de courtoiſie, ſentit en ſoy vne nouuelle emotion de deuoir où iamais il ne s'eſtoit aduancé, & ſe retira ne deſirant pas que celle qu'il euſt voulu ſeruir l'euſt deuancé en humilité. La belle le pēſant eſloigné, ſe mit à diſcourir de ceſte rēcontre; & ne le penſant ſi pres, oſta ſon maſque, & leua ſa coëffe pour ſe rafraichir pres la fontaine, que voici venir le Prince, qui la ſurprēd, & vit ceſte beauté, parangon de l'vnique, il eut peu de propos auec elle, & paſſa outre prudemment, emportāt vn vehemēt traict au cœur, lequel a fait telle playe qu'à iamais la cicatrice y demeurera. Eſtāt à part ſoy, & meditant ceſte auenture, il changea de courage, ſi qu'il ſe delibera de ſubir les douces loix du premier commandement de Dieu: partant prenant l'opportunité de le faire entēdre au Roy ſon pere, il luy declara ſa penſee & intentiō, le ſuppliant au reste d'ē disposer selō sa sagesse & bō plaisir. Le bō Roy cōtēt au possible de ce chāgemēt & volōté suruenuë, qui luy estoit tāt agreable. aussi tost enuoya querir le Gētilhōme pere de Feristee, auquel il fit entēdre son vouloir, le priāt, nō cōme suiet, ains en Seigneur, dōt il desiroit l'aliāce, d'auoir agreable le mariage du Prince son fils, & de sa fille. Le sage Gentilhōme ne pouuant ny deuāt s'excuser, ou refuser, ou remettre la partie, dōna en tres-hūble suiet la carte blanche à son Roy, pour y designer ce qu'il luy plairoit: tellemēt que le mariage fut cōclud & la belle mādee, vint en Court, où sa mere l'amena. Estāt parmy les Dames, il ne fallut point de iuge particulier en beauté pour la remarquer entre les autres, il ne falloit que les yeux pour la discerner, ne plus ne moins qu'on remarque vne fleur entre les herbes d'vn pré, qui n'ōt riē que ce qui est cōmun. Les accords estās faits on cōmēça les iours de ceremonie auec grāde solēnité. Le vieil Roy sentit son cœur rassasié de tant de liesse, que son ame s'ē exhala soulee de cōtentemēt terrestre: Ceste disgrace occasiōna du dueil à la Court: mais il fut biē tost passé par l'effort de la ioye que dōna le couronnemēt de Rosolphe. Les obseques de Selion estāt acheuees, le Roy voulut entendre à son mariage qui fut celebré en toute magnificēce. La Noblesse y assista en festes, ioustes, tournois, cōbats feints, & tous plaisirs de grands. Quand ce fut au soir, & qu'on parla de coucher la future Royne, elle se vint presenter au Roy luy demandant vn don, qu'elle luy suplioit humblement ne luy refuser, ains à l'antique façon de leurs ancestres, luy accorder. Le Roy la voyant en ceste gra-

C ij

ce & disposition, luy dit, Demandez, & elle, Sire encore que ie sois vostre tres-hũble suiette & seruante, & qu'il vous a pleu par vne speciale faueur me choisir pour estre vostre hũble femme, si est-ce qu'estant pres du rang que ie doy tenir, ie sens mon cœur s'esleuer, nõ pour estre glorieuse Princesse, ains digne compaigne d'vn grand Roy, & par ainsi sortir de mes premiers limites pour entrer en autres plus excellens, & esquels il conuient auoir vn cœur Royal: partant afin que ie sois telle qu'il est seant, ie vous requiers d'vn don pour le prix de ma virginité, & pour me releuer à bõ droit le courage. LE ROY. Ie remets à la raison tout ce que vous auez de pretentions, vous priant aussi d'auoir esgard à ce que ie puis & dois, sans adiouster vostre merite. FERIS. Si i'ay eu du merite par le passé, il n'estoit pas de telle qualité que celuy auquel vous me ferez paruenir. LE ROY. Parlez donc. FERISTEE. Ie ne mettray point en auant ce que les filles peuuent proposer pour le guerdon de leur prudence. Ie ne vous presente que celle qui sera l'autre vous-mesmes lors qu'il vous plaira, & en ceste qualité pleine d'amour & de grandeur, ie vous demande ce don, c'est qu'en vostre monnoye mon nom & ma figure soyent grauez auec les vostres. LE ROY. Ie ne pouuois pẽser que ceste enuie fust en vostre courage, aussi m'estonnant de vostre requeste qui passe outre le terme de requisition, ie n'estimois pas que me demãdassiez ce que iamais Dame n'a presumé d'auoir en ces pays, où les sceptres ne tombent point en quenoüille: partant ie vous prie de changer les termes du don, d'autant que cela ne se peut,

fortunez. Entreprise I. 37

FERISTEE. Miserable moy, pourquoy vous ay-ie offencé? Pourquoy l'amour m'ayant voulu esgaler à vous, le destin m'abat de mon degré? Ie n'ay que du cœur, & vous Sire, toute grandeur, or ie laisse choir ce que i'en auois desia embrassé, & m'enseuelissant dãs l'extreme desplaisir que i'ay d'estre esconduite, ie veux mourir, & encore plus instamment ie le veux, pour auoir osé m'auancer à vous requerir puis qu'il vous est desagreable, & mon regret se multiplie pour auoir en ceste fortune tant auguste trouué ce qui resiste au bon-heur de nostre mutuelle conuenance. Fascheux succez qui me perdez! Sire, vous estes Roy, & dauantage, vous auez reputatiõ d'estre plus sage que Roy, & pourtant mon intention a esté vous faisant ceste demande, de cognoistre & descouurir par vous mesmes si parfait amour, tel que le merite ma virginité, vous a incité à m'eslire pour vostre, ou si c'est vne pure ardeur de conuoitise qui vous y ayt stimulé: & pour ce que ie deuois estre plus Royne que grande, ie vous dy que vous n'aurez riẽ de moy que la vie par effort, si vous l'entreprenez cõme Monarque, si ie n'ay le don requis, pource que ie ne suis non plus digne d'estre vostre femme, que d'obtenir ce dont ie supplie, & qui m'est deu par le dessein qui vous a faict m'estimer capable d'estre vostre compagne, pour à quoy paruenir pour la splendeur de vostre gloire, il est aussi conuenable que i'aye autant de soin pour vous estre conioincte, que vo^9 pouuez auoir de zele à maintenir vostre vnique grãdeur, ou vnie auec moy, ou separee de moy. LE ROY. Ie laisse ma grãdeur, i'oublie mon sceptre, ie quitte mon authorité, me fai-

C iij

sant mesmes moindre que vous par le respect d'a-
mour lequel couure tout sous le manteau de ses
douceurs, & faict que ie ne prens point garde à la
vehemēce dont vous m'vlcereriez, si ie me tenois
ferme en ce que ie deurois estre, si ie n'aymois
point, i'excuse par ce moyen la violence que vous
me faites, pour faire paroistre qu'il n'y a riē que le
vray feu d'amour qui m'eslance: Ie vous pardōne
tout ce qui peut offencer vn Roy, ie n'entēs point
les reproches qui m'appartiendroient, si la loy ne
dependoit de moy. Ie ne veux rien aperceuoir de
ces defaux cōmis cōtre ma dignité: car ie me suis
addonné à vous par tel excez de vertueux amour,
que ie vous feray paroistre, pource que ie le veux,
qu'il n'y a que la vertu qui m'ait induit à vous aymer: & pour autant que vous estes galāde, & auez
vne belle presomption, ie veux par elle-mesme
vous vaincre, ou ployer sous vous, s'il se peut,
parquoy ie veux que vo^s obteniez par vostre dexterité (qui est vostre reste) ce que vo^s pretēdez, ou
que vous vous deportiez de vostre pretētion, pour
obeyr à ce que vous me deuez. Et afin que ie sois
d'autāt iuste cōtre moy, que ie le doy estre en cō-
seruant le droit de mō peuple, tout maintenant &
tandis que nos cœurs y sont disposez, suiuant leur
alteration, faites aporter vostre arc & vos flesches,
& ayant les miennes en ceste galerie, nous ferons
vne galanterie qui me liberera de vostre importunité, ou vous maintiendra en vostre presomption.
Nous tirerōs trois coups pour cest effect. Feristee
s'accorda à la cōditiō que le Roy auoit iugee, puis
tous deux se trouuerēt au lieu designé. Le Roy ayāt
fait appareiller la gallerie, fit mettre au bout op-

posé à celuy où il estoit vne grãde ouale d'argent, soustenuë d'vn pied destal, & par la lumiere des flambeaux monstra à Feristee que c'estoit le but où il falloit tirer, lors que les feux ostez, ils tireroiẽt possible à l'auanture, & possible à l'esgal de l'adresse. Les lumieres ostees, le Roy qui souuent auoit fait cet essay, tira trois coups qui furẽt ouys, d'autãt que la lame resonna par l'atteinte du trait. Apres cela il dit à Feristee, faites autant ou mieux, vous auez ouy ce que i'ay executé: Sire, dit-elle, deux sens sont plus qu'vn, puis le plus exquis dõnera vn iugement plus aduantageux: alors ayant l'arc prest, elle enfonça sa flesche, qui donnant son atteinte, se fit bien ouyr, apres elle decocha les deux autres coups, qui ne donnerent non plus de son, que si la flesche eust passé aupres du but opposé en le frayant. Et bien luy dit le Roy, qui a gaigné? Sire, dit-elle, la veuë en rẽdra tesmoignage. Les feux remis, on alla visiter les flesches, celles du Roy auoient chacune fait leur passage, ce qui fut cogneu & bien remarqué: mais celles de Feristee dont la premiere seule fit du bruict, n'auoient suiui qu'vne voye, car la belle auoit si biẽ addressé ses coups, que la premiere ayant faict ouuerture, fut suiuie des autres, si que par le iugement mesmes du Roy, Feristee auoit le mieux fait, & pourtant sa requeste ne luy fut pas accordee par Rosolphe, qui opiniastre au vain maintien de l'opinion de sa grãdeur, ayma mieux libremẽt se frustrer du plaisir plus singulier que les feintes d'amour proposent, que de retrãcher de sa gloire, en cõmuniquant la moitié de son authorité à vne fẽme. En ceste tentation il demanda à Feristee si elle

C iiij

vouloit pas bien luy donner encor vne preuue de sa dexterité, suiuant les mesmes conditions de tātost, à quoy s'estant hūblement soubmise, la partie fut arrestee au lendemain, & la belle fut conduite en sa chambre en son particulier. Il y auoit en la court du Palais l'effigie d'vn des ancestres du Roy, ayant vn sceptre en la main : Rosolphe cōmanda qu'on ostast ce sceptre, & que sur la main on mist vne orenge, puis l'heure venuë, il la monstra à Feristee, luy disant que si elle pouuoit si biē tirer, qu'elle ostast ceste orenge, & la remist sans qu'elle touchast à terre, qu'il luy accorderoit ce qu'elle auoit demandé. Elle luy respond auec tout respect, qu'elle estoit preste d'effectuer ce qu'il auoit proposé, si luy-mesme qui estoit l'vnique entre les accomplis, en venoit à chef. Le Roy qui auoit premedité son affaire esleut la flesche faicte exprés, & tira si proportionnément, qu'il enleua l'orenge & la flesche qui la trauersoit, cheut plantee en terre, ayant l'orenge prés l'empanage: puis il prit la flesche, & poussant l'orenge au bout, tira en l'aër auec telle raison, que la flesche s'estant tournee, vint tomber le fer dans l'anneau que faisoit la main my-close, & laissant l'orenge dessus, vint seule par sa pesanteur choir perpendiculairement en terre sous la main de la figure. Ceux qui auoient admiré les coups faicts en l'obscurité, s'esmerueillerent encore plus de ceux-cy, estimans qu'il n'y auoit plus d'inuentiō pour les effacer: Feristee ayāt consideré ce qu'elle deuoit executer, choisit entre les flesches celle que elle estimoit propre à ce qui se presentoit : & ayāt l'arc en main se mit dessous la figure, ordonnāt si iustement son coup, que la fleche decochee passa dans l'ouuerture de la main, emportant es airs l'orenge auec soy: puis ayant acheué son eslancement vers le haut, se tourna si iustement, qu'elle reuint à plomb tomber au mesme endroit par où elle auoit passé, auquel lieu elle laissa l'orenge, & se ficha en terre, à l'endroit que celle du Roy s'estoit plantee. La vertu de ceste Dame donnant d'vn autre trait dans le cœur du Roy, luy causa vn si vif desplaisir, que de regret de veoir sa dexterité flestrie à l'ombre des perfectiõs d'vne simple demoyselle, se mit au lict, plus atteint de fureur que de mal: là son dépit le recuisant, il fantasioit mille idees de vengeance contre l'amour, la Belle & soy-mesme, pour auoir apres tant de resolutions donné entree à ce ruyneur de cœurs: lequel l'a tant raualé de courage. Ses malignes pointes luy suggererent en fin vne cruauté que le dedain forgea sur ce qu'il creut, que le mespris auoit causé ces malheurs, parquoy se voyant ingratement foulé par l'orgueil outrageux d'vne qu'il a voulu faire plus grande qu'elle ne meritoit, selon qu'il le iuge en son amertume, il s'enuenime du tout contre elle, & en la vigueur de son indignation plain d'ire, excité de courroux & meu de douleur impatiente, commanda à quatre soldats de ses gardes, d'aller incontinent saisir Feristee, & la ietter en la fosse de la tour, où repairoiët les chiens dangereux, laissons luy prēdre vn peu de repos, à ce que toutes ses fortunes ne la suyuent pas si viuement, & puis tantost nous acheuerons.

DESSEIN CINQVIESME.

Feristee conseruee par le Talisman de la Canicule, se retire en vn village chez vn Basteleur, elle oyt dire que le Roy est tres-malade, surquoy elle conseille au Basteleur d'aller trouuer le Roy, & luy promettre guarison. Le basteleur sous la feinte d'vn singe presente Feristee au Roy qui la reçoit magnifiquement.

LES murailles de la ville vers l'Orient d'esté, estoit vne forte & spatieuse tour, où le Roy Rosolfe faisoit nourrir quatre grands chiens fiers comme lyons & si malins, que pour ceste cause on les nommoit dãgereux, aussi leurs dẽts auoyẽt executé quelquefois la iustice, sur les corps d'aucuns qui auoyent cõspiré contre l'Estat, ces chiẽs estoient enchaisnez à des chaines assez longues & fortes, où l'on les tenoit attachez, de peur qu'ils ne sortissent par le grãd canal des immũdices. Le Roy ayant commandé, les soldats, biẽ que ce fust à grand regret, l'executerent, exposans aux chiens ceste innocente: mais assez temeraire beauté, qui n'estoit couuerte que de sa seule chemise, auec vn simple frison, certainement les regrets, & d'elle & d'eux, estoyent piteux: mais l'obeissance qui estoit extreme, rauit aux soldats tout moyẽ de faire plaisir à la Dame, laquelle auec des doleãces infinies ils coulerent vers les chiens où la desolee estant, la trape fut refermee. Les chiẽs accoururẽt promptement à ce nouueau corps, mais tout d'vn coup ils s'arresterent, Helas! la pauurette n'auoit point premedité de remede à son mal inopiné estant prise au despourueu, toutesfois par rencontre elle auoit auec soy le iuste preseruatif, & n'aurez point à desplaisir d'en entendre le discours. Le souuerain plaisir de ses exercices estoit la chasse qu'esperduement elle suiuoit: & pource que souuent il lui auenoit en ses courses, de passer aupres de mestairies, où il y auoit de grands mastins qui la descouuroyent quand elle se proumenoit ou chassoit, & l'interrompoyent luy faisans quelquefois perdre de belles occasions de prises notables, dequoy elle s'en faschoit, & eut bien voulu y mettre ordre sans offenser, ny les personnes ny les bestes: parquoy elle en consulta plusieurs philosophes, & eut beaucoup de peine, de sçauoir vn moyen à cest effet, ce qui finalemét luy succeda par la rencontre d'vn vieil Hermite, qui habitoit en la forest reculee, lequel l'instruisit de ce qu'elle desira. Ce personnage se delectoit à voyager, & par récontre s'estant addressé chez le pere de Feristee, se mit à discourir de plusieurs singularitez, la belle l'oyant parler pertinément de beaucoup de secrets, lui cómunica son affaire touchant les chiés; le bon hóme liberalemét lui enseigna ce qu'elle souhaitoit: En sa presence il prit vne petite bassete qui auoit esté couuerte, & au point mesme que l'on préd les lices pour les clorre, l'ayát ouuerte industrieusemét, separa de la matrice auec grande prudéce la mébrane, commune aux deux sexes, & l'ayant leuee delicatemét, en referma soigneusemét le lieu, afin que l'animal suruefcut, ce qui eſt fort remarquable & à côſiderer: car on a obſerué par les effets, que ce qui eſt pris des animaux pour ſeruir à la magie naturelle, n'a pas grāde efficace, ſi l'animal ne ſuruit apres la ſeparation de ce qu'on en a tiré: Ceſte mēbrane fut par l'hermite preparee & acheuee de tout ce qui eſtoit requis à ſon intention, & ſelon les conſtellations propres bien obſeruees y poſa le caractere de la canicule ſe leuant, d'auantage il monſtra à Feriſtee l'herbe, qui ſe leue au premier leuer de la canicule apres minuict, laquelle il faut cueillir, & porter enueloppee dans le parchemin fait de la mēbrane, & l'auoir cōtinuellement ſous l'eſſelle gauche: Ce taliſmā entre ſes autres vertus eſt l'vnique, pour empeſcher les chiens d'aboyer & de mordre. Ceſte belle miſerable auoit touſiours depuis porté ce petit ſymbole de la canicule, ſi que lorſqu'elle fut iettee aux chiēs dangereux, elle n'y penſoit pas, & n'auoit eu ſoin que ſubir triſtement l'extremité prononcee de la part du Roy, par laquelle elle ſe reſoluoit à ſa derniere neceſſité; mais eſtant là, & ayant repris ſes eſprits trop troubles, & voyant ces animaux de fureur conuertis en mignonnes beſtes s'aſſeura, & preuoyant à ſe retirer de ceſte incommodité, prit le loiſir que l'occaſion luy concedoit; parquoy auiſant l'ouuerture du cloaque elle y alla, & ſe gliſſant doucement ſe ſauua par le foſſé, ſortit aux chāps, & tira vers vn village vn peu diſtant de la ville, où ſouuent elle auoit eſté, & veint à la maiſon d'vn baſteleur où elle heurta: le baſteleur s'eſtant leué parla à elle, & luy ouurit la porte: eſtant entree, elle luy raconta qu'elle eſtoit vne pauure fille qui venant en la ville pour seruir, auoit esté prise par des mauuais garçons, qui l'auoyent mise en ce pauure estat. La pitié qu'il en eut, fit qu'il l'a receut & r'efforça de ce qu'il peut, le lendemain deuisant auec elle, luy demanda si elle vouloit aller à la ville & suyure sa fortune: elle dit que non, & qu'elle eut mieux aymé demeurer auec luy: pourueu que ce fut secretement. Le basteleur condescendit au vouloir de la belle, qui de fortune auoit en la pochette de son frison des bagues, & quelques pieces d'or, que sagement elle donna au basteleur pour luy acheter quelques hardes. Ce basteleur auoit vn grand Singe fort bien dressé, par le moyen duquel il gaignoit sa vie, & celle de sa belle qu'il tenoit comme sa fille, laquelle faisoit le petit mesnage de la maison, au grand contentement de ce nouueau pere, auec lequel elle fut plusieurs iours.

Le lendemain que le Roy eut fait exposer Feristee, toute la cour fut en tristesse, car il declara deuant tous la iustice, qu'il auoit faicte de la rebellion & presomption, de celle qu'il auoit voulu honorer de tiltre de Royne, & elle l'auoit trop indiscretement mesprisé. Le triste pere de Feristee, ne pouuoit presque supporter vne telle affliction, toutesfois ce luy fut force, remettant toute la cause du malheur en la folie de sa fille, qu'il va lamentant auec tant de plaintes, que l'air en est encor tout rebatu. Il n'y a rien qui se represente plus au cœur qu'vne esperance: dont on a presque veu les effets & ils sont eschapez. Ce Roy en esprouue, & l'accés & l'excés: car sa fureur estāt moderee, & la souuenance du passé luy remettant

deuāt les yeux les perfectiōs de celle qu'il a deſolee, l'amour trauaillāt auec le deſplaiſir, il reſſent
de nouuelles pointes en ſō cœur, il n'auoit iamais
encor riē eſprouué de ſemblable, vn regret nōpa-
reil le deſchire auec toutes ſortes de violēces, & le
proche repētir lui ſuggerāt vne abōdante deſplai-
ſāce, le iette en vne ſi extreme melācholie, qu'il pe
rit à veuë d'œil, & ſe conſommant de triſteſſe approche de ſa fin, en laquelle il s'auāce tant qu'il ne
lui reſte plus qu'vn indigné ſouſpir qui eſt pres
d'exaler, en ſacrifice d'expiatiō, aux ombres de celle dōt il lamente la perte, que ſon indiſcretiō a oc-
caſionnee. Les grāds & le peuple eſtoiēt fort affligez de l'afflictiō de leur Roy, l'air de leurs gemiſ-
ſemēs retentiſſoit par tout, & l'incōuenient de la
court ſe manifeſtoit en tous endroits: ce bruit a-
uec ce qu'il y auoit de verité, vint en la maiſon du
Baſteleur qui en entretenoit ſa fille, laquelle oyāt
les diſcours qu'on raportoit de la repētāce du Roy
ſētit en ſon ame vne nouuelle afflictiō qui lui for-
moit des pointes infinies de pitié, pour l'amour
de celui qu'elle reueroit & aimoit parfaitemēt, &
preſque ſa douleur eſtoit apparēte; toutesfois elle
ſceut ſagemēt ſe cōtenir, & pēſant aux penitēces
que le Roy faiſoit en ſatisfaction du mal qu'il lui
auoit pourchaſſé, ſe cōuertit toute à remedier à ce
malheur. Dōques ayāt conſulté ſon bel entende-
mēt ſe reſolut de s'expoſer à la Fortune, pour obuier au deſaſtre qui ſe preparoit; parquoy prenant
le Baſteleur à propos lui dit: Mon pere ie vous ay
touſiours dit que ie vous recognoiſtrois du bien
que vous me faites, & il s'offre vne affaire à laquelle ſi vous voulez entēdre il y a moyē de vous faire

fortunez Entreprise I. 47

riche & nous auācer: le pouuez vous? dit-il, Ouy: car à ceſte heure que le Roy eſt malade, il y a moyē de faire vne bōne main, ſi vous me voulez croire; En la ſuite de ces propos elle l'inſtruiſit de tout ce qu'il falloit faire, & cōment il ſe deuoit cōporter iuſques à ce qu'il fut tēps qu'elle fit vn coup notable. Apres cet auis le Baſteleur veint à la court, & demāde à parler au gentilhōme qui luy auoit eſté remarqué, par l'entremiſe duquel incōtinent il fut introduit deuāt le Roy, ioint que pour obeir à ceſt humeur hypochondriaque, les medecins auoyēt conſenti & ordōné qu'on amenaſt au Roy tous ceux qui propoſeroyēt de le guarir. Ce Baſteleur eſtāt deuāt le Roy ſ'auiſa de parler à lui d'vne grace ſi nouuelle, que deſia le Roy ſe fut pris à rire, n'eut eſté qu'il eut hōte de ſentir ſi ſoudain de l'amendement: Les melancholiques en ſont de meſme, eſtās ſi malignemēt touchez de leur folle humeur, qu'ils ne voudroiēt pas auoir dōné gloire à quelque remede qui leur eut fait du bien, tant ils ont le courage fade. Sire, dit le Baſteleur, i'ay quelque choſe qui vous guarira du tout, ſi vous me voulez croire. Le Roy. Ce que tu me dōneras eſt-il difficile, faſcheux, ou ennuyeux? Le Basteleur. Vous me la baillés belle, Sire, c'eſt au rebours, ne vous deſplaiſe: & biē Sire, vous eſtes faſché, vn grād deſplaiſir vous guerroye, il vous faut auoir vne extréme lieſſe, & pourtāt ce que ie vous ordōneray ſera aiſé recreatif & deſirable. Le Roy. Cōment feras-tu? Le Bast. Tout ainſi qu'il vous plaira, mais que ne vous deſplaiſe: Et commenceray par vn ſinge que i'ay, qui vous fera voir voſtre contētement, & biē, Sire, eſt-ce pas parlé cela? Le

Roy prenoit plaisir à l'ouïr parler, estimât que les bourdes qu'il proposoit, estoiēt pl' pour le diuertir que pour riē effectuer de propre à son mal. Par le commādement du Roy, la porte estoit ouuerte au basteleur à toutes heures, lequel amena son singe, auquel il faisoit faire tant de passades risibles, que cela diuertissoit l'esprit de Rosolphe, duquel toutesfois l'ennuy se representoit si viuement en sa pensee quand il estoit seul, qu'il perdoit presque tout courage, pour à quoy prouuoir le plus souuent, on luy donnoit des diuertissemens diuers, ores de bons discours, puis de la musique, en apres des jeux de plaisir, & autres delices d'yeux & d'oreilles, qui s'entresuiuoyent en sa presence. Par l'auis du Basteleur qui dit, que son singe en auoit enuie, le Roy fut mené en vn pauillon qui estoit aux iardins, & là vne apresdinee il fit faire à ceste beste, tant de non communes & ridicules grimasses, & gestes fantastiques, que le foye se dilatant au Roy il entra en quelque delectation: vne fois qu'en ce lieu, le Roy auoit pris plaisir aux soubresaux du singe, & qu'estant las de ce jeu, il voulut se promener au iardin il y alla, & commanda qu'on le laissast vn peu seul: ainsi allant & venant, il jettoit l'œil par la fenestre, & voyoit le singe en frayeur, aupres du grand leurier lequel il craignoit, parquoy se trouuant si pres de luy se tenoit en peu de lieu, & de peur faisoit des gestes, mines, façons & contenances tant differentes, & si ioyeusement agreables, pour leur desplaisance & ordre si desordonné, que le Roy ne peut se contenir si fort, qu'il ne donnast quelque signe de ioye se prenāt à rire,

dequoy

dequoy s'aperceurēt les Princes, Seigneurs & autres qui y prenoyent garde, & iugerēt parlà, que bien toſt la bōne humeur r'ameneroit la ſanté de Roſolfe. Quād l'eſprit eſt en ſa propre diſpoſitiō, le iugemēt ſe trouue en eſtat de bien faire ſa function. Le Baſteleur retourné, & le Roy déuelopé du plus eſpois de ſa malancholie: commençoit à raiſonner familierement par tout, il appella à ſoy le Baſteleur, auquel il demāda qui lui auoit donné conſeil de venir à lui. LE BAST. Sire, ce qui vous a donné du plaiſir m'en a donné le conſeil. LE ROY. Preñs tu cōſeil d'vne beſte. LE BAST. Sire, excuſez moy ſ'il vous plaiſt, & ie vous diray vn propos notable; Ce n'eſt pas vne beſte que mon ſinge, non, c'eſt vne Fee, n'auez vous iamais ouy parler de la Fee Romande, c'eſt elle meſme qui ſ'eſt miſe en ceſte figure expres pour voſtre ſoulagement, & quand il vous ſera agreable, elle ſe mettra en belle Dame: Sire, vous plaiſt-il en veoir les effets? Le Roy qui ſentoit la ratte ſ'amolir & l'humeur melancholique ſe reſoudre, penſant que ce Baſteleur eut encor quelque tour nouueau pour le faire rire, lui dit, va, fais tranſmuer ton ſinge, & que ie voye ceſte belle Fee. LE BAST. Sire, les Fees pudiques ne ſ'oſent pas communiquer librement, ſans auoir aſſeurance qu'il ne leur ſera fait aucune inſolence, force ou vergongne. S'il plaiſt à voſtre majeſté, de m'aſſeurer qu'il ne luy ſera fait aucun deſplaiſir, pour choſe qui auienne ou apparoiſſe, & qu'elle ſera en toute liberté tout ce qu'il lui plaira, ſoit pour ſ'approcher ou ſe retirer ſi beſoin eſt, ie la vous feray paroiſtre. Le Roy aleché par tels deuis plaiſans;

D

qui eſtoyent ſerieux, & toutesfois il ne les penſoit pas de la ſorte, venans de ce ioyeux, promit & iura au Baſteleur toute ſeurté. A ſa parole le Baſteleur ſortit pour remener & aller querir le ſinge Fee, & le Roy ſe delectant deſia de ces folettes bourades, attendoit quelque galantiſe pour rire, que deuiſant auec quelques ſeigneurs le Baſteleur entra, menant en main vne ſimilitude voilee. Le Roy ſe tourna vers lui & vid quelques reuerences ioyeuſes que fit le Baſteleur amenant ſa Fee. Ce fut icy vne nouuelle façon: car le farceur auoit tāt accouſtumé de harceler les chiens mignons, qu'il ſembloit quand il entroit qu'ils le deuſſent deuorer, & ceſte guerre duroit pres d'vn demi-cart d'heure, & à ceſte fois ils ne lui dirent rien, ne ſ'eſmouuans non plus que ſ'il ne fut pas entré: Le Roy qui prenoit garde à cela, & que meſme ſes chiens qui ont accouſtumé d'aboyer ce qu'ils n'ont pas accouſtumé de veoir, eſtoient comme ſans y penſer, ne ſçauoit que croire, ſ'il euſt eu l'eſprit leger ainſi que la plus part des hommes de ce temps, qui iugent mal de tout ce qu'ils ignorent, il eut penſé que ce baſteleur eut eſté magicien, mais n'allant pas ſi viſte il ietta l'œil attentiuement ſur cet obiect, adonques la Fee qui s'eſtoit tenue ferme au milieu de la chambre où le farceur l'auoit poſee, voyant le Roy ſe tourner vers elle oſta ſon voile d'autour elle, & deſcouurant ſa teſte ſe ietta humblement à genoux aux pieds de ceſte maieſté eſbahie; Le Roy fremiſſant en ceſte emotion regardoit attentiuement, & voyant en celle qu'il conſideroit des rayons de beauté, qui n'appartenoient qu'à Feriſtee, ſ'enclinant vers elle dit, est-ce feinte où verité, ie vous prie Belle dites moy qui vous estes: En ce trasport ne pesant qu'à ce qui est deuant lui il lui tend la main, & prend la sienne lui donnāt courage de parler, alors elle dit, Sire, ie suis ce qu'il vous plaist, bien que i'ay eu l'honneur d'estre vostre pauure & desolee espouse: puis qu'il vous a pleu me faire telle; Ie suis Feristee l'infortunee, qui vient en toute humilité, vous demander pardon du mal que vous souffrez à mon occasion; donques, Sire, que vostre œil misericordieux s'adoucisse vers ceste temeraire, qui vous a tant causé de detresses, & s'il y a en vous quelque souuenance de m'auoir daigné aymer, qu'il vous soit agreable de me receuoir à mercy: Rosolfe ayant consumé tout le fiel de son courage, à bras estendus la veint releuer, & l'embrassant de tout son cœur lui dit : Ce peut-il faire que ce soit vous, chere Feristee. Est-il vray, que mes yeux ayent deuant eux le plus doux sujet de leurs bonnes delices, & que ie sente en ma presence celle qui fut le motif de mes plus belles pensees? Celle que trop malheureusement inconsideré, i'ay voulu ruiner, celle que ie croyois auoir depiteusement defaite, pour m'estre voulu indignement venger? Pardon belle pardon, c'est moy qui ay peché, ie t'ay trop offencee, ie te prie que le passé soit oublié, releue toy mon bien, & te leue pour estre chere cōpaigne de celui qui n'esperoit plus ce bon heur, & qui te sera si fidele en t'aymāt que tu oublieras ses cruautez. En ce contentement il souleue sa desiree femme, & pour luy faire paroistre qu'il estoit meu de iuste repentance & animé de parfaicte ioye, il dressa tournois, ordonna ioustes, festins, & telles solemnitez ioyeuses qui se pratiquent aux succés des meilleures fortunes, & comme ayant fait nouuelles nopces & receu sa femme auec honneur, il lui accorda le don requis: la sage Royne en fit hūble refus, mais il voulut que cela eut lieu: tellement qu'à l'heure la monnoye en fut marquee, & largesse en fut faite. Le pere de Feristee fut esleué en estats & ses parens aussi, quant au Basteleur, il fut prouueu d'vn estat plus honorable & fut accommodé de biens. Rosolfe enuoya ces chiēs au Roy de la grād Bretagne, car ils estoyent de la race des premiers dogues: Du conduit du cloaque, il fit faire la plus magnifique galerie qui fut iamais construite, c'est à ceste heure, celle par laquelle on va aux iardins de plaisir. Il fit changer le fossé, & la tour des chiens, & y fit bastir vn pauillon si exquis, que de toutes pars les architectes y viennent prendre des patrons pour exceller en leur art. Et pource qu'il falloit que la loy qui est stable, pour le fait des amans parfaits eut lieu, le Roy & la Royne d'vn mesme courage se condamnerent de leur bon gré à se trouuer icy au temps de l'anniuersaire de Glilicee, où il sera iugé au profit d'amour, lequel des deux a tort.

Ces beaux discours estoyent presque encor' en la bouche de la Dame, qui contoit aux Fortunez, comme Rosolfe & Feristee auoyent enuoyé leur requeste, qu'il se presenta au haure vn vaisseau. On y enuoya selon la coustume. Aux banderoles, les Fortunez cognurent qu'il estoit de Nabadonce, parquoy ils prirent à part leur sage hostesse, qu'ils prierent qu'ils ne fussent point veus de ces

gens là pour de bonnes raisons qu'ils lui diroient.
Pour ayder à ceste feinte, il courut vn bruit, qu'en
haste ils estoyent montez sur vn vaisseau qui passoit en Claura, où ils auoyent expressemēt affaire.

DESSEIN SIXIESME.

L'ambassadeur de Nabadonce est bien receu & satisfaict de ceux de Sympsiquee. Les Fortunez partent pour aller à leurs désirs. Conditions des Insulaires.

LE Roy de Nabadonce auoit fait bastir en vn endroit fort propre, vn palais de plaisance le plus agreable du monde, qu'il nomma l'Hermitage d'Honneur, ce qui estoit desia diuulgué, tant en Sympsiquee qu'autres infinis endroits. Ce Roy desirant rendre ceste maison toute accomplie, enuoyoit par tout à la recherche de toutes raretez & excellences, & pour en auoir de ceste isle y auoit enuoyé vn Ambassadeur bien suyui: Nous le vismes sortir de son vaisseau en ordre & compagnie magnifique. Cet Ambassadeur fut receu, selō la qualité de son Roy de la part duquel ayāt fait entendre qu'il desiroit cōmuniquer auec le Roy & les Princes de Sympsiquee, il fut respōdu que le Conseil y auiseroit, & que l'on le rēdroit contāt; le conseil donc ayant esté assemblé, iour fut decerné à l'Ambassadeur, & cepēdant on lui dōna le plaisir de toutes les belles singularitez. Le iour & l'heure de l'assignation, l'Ambassadeur

D iij

de Nabadonce introduit au Conseil, & sachant la coustume du pais, exposa ainsi sa charge. Sire, il y a tousiours eu entre les Rois vos predecesseurs & ceux de Nabadonce, vne telle concorde, & sympathie, que ce que l'vn l'a desiré l'autre l'a souhaitté, & iamais depuis leur aliance qui est tres-ancienne, les païs de l'vn n'ont receu plaisir ou commodité, que les terres de l'autre ne s'en soyēt ressenties, nostre Roy ayāt entēdu que vous auez entre vos precieux ioyaux, la belle Iuiue petrifiee, qui est vne vnique rareté, desirant vous rēdre contant & asseuré de son amitié qu'il scait estre mutuelle, a tant fait par presens, prieres, eschāges & bōs moyēs, qu'il a recouuré l'onguēt du Roy Eumeneste, qui comme vous auez ouy dire, est de telle vertu qu'il peut remettre la belle Iuiue en son premier estat & naturel; En outre il a recouuré l'inuētion de Minerue, pour former le somnifere diuin: dont la vertu principale est de faire deuenir le cuir du corps, & parties musculeuses exterieures diaphanes comme verre, tellement qu'à trauers on peut voir le mouuement des arteres, le coulement du sang, l'operation du poulmon, la diligēce du foye, la mesure du batement du cœur, la disposition du ceruau, & tout ce que la doctrine anatomique se vendique pour l'administration des parties du corps. Les deux raretez sont notables & de consequence, & est prest de les vous enuoyer, sachant que par ce moyen vous serez acerténé de la belle figure, en outre vous authoriserés le pouuoir que vous auez sur les amās, qui doiuent venir icy faire preuue de leur bonté, d'autant que les pensees du cœur & ses mouuemēs seront aysément descouuerts, voila ce que le Roy de Nabadonce vous offre, & pour cela, Sire, il vo' requiert d'vne faueur: Il est certain que les procés d'amour sont intêtez deuant vous, qui en estes iuge absolu, ainsi qu'il vous est escheu par le consentement vniuersel, dont les decrets sont inuiolables. La faueur qu'il desire de vous tend à l'acomplissemēt de son Hermitage d'Honneur, & pource il vous prie (pour rendre parfaites les excellences qui y sont, & qui difficilemēt peuuent estre autre part) de donner à son Hermitage que l'appel des causes d'amour y viēdra & lui sera attribué, & afin que vous croyez qu'il ne veut rien entreprēdre sur vous, il entend que vous y enuoyrez vn iuge pour prononcer tels arrests, s'il ne vo' plaist le venās visiter, y venir aussi iouïr du droit qui est & sera vostre: comme en lieu que vo' aurés esleu pour cest effet. Cela ayāt esté entendu on lui dit que le lendemain il lui seroit fait response. Le frere de la Dame hostesse des Fortunez veint les trouuer, & leur exposa le tout, demādant sur ce leur conseil & bon auis: A quoy ayās pensé lui dirēt qu'il estoit bon de promettre tout au Roy de Nabadonce, aleguant que qui refuse met en peine, & qui promet tout ne promet riē, & que qui tout d'vn coup s'ouure ne declare pas son secret: Ce gētilhomme ayāt communiqué cela au Conseil & estant trouué bon, l'assemblee fit responce à l'Ambassadeur telle qu'il desiroit de sorte qu'il s'en retourna fort content: Ainsi consolé de bōne chere, gratifié de response agreable, & asseuré d'amitié parfaite il leua l'ancre, & s'en retourna. Trois iours apres les Fortunez firent voile où leurs affaires les portoyent, laissans

D iiij

entre ces Dames vne bonne odeur de leurs perfections. Vn peu apres vindrēt en Sympsiquee deux gentilshommes de la part du Roy Rosolfe & de la Royne Feristee, demāder le iour qu'il se falloit trouuer aux iugemens d'amour, & il leur fut dit que cela ne se pouuoit resoudre, que nouuelles ne fussent venues de Nabadonce, dont on les auertiroit, & que cependāt comme tousiours & l'isle & les personnes estoyent à eux. Quand quelque parole estoit dite en Sympsiquee, on ne la retractoit iamais, tout y estoit serieux, il n'y auoit ambition ni enuie, les mutins n'y estoient point cognus, car tout y estoit selō vertu : ce n'est pas ainsi qu'en ces païs où nous auons fait retraite apres nos voyages. Or ceux qui desireront cognoistre la forme du gouuernement de ceste Isle tant belle, qu'ils voyēt ce qui en est retracé parmi les valeurs de la Pucelle d'Orleans, & qui voudra sçauoir l'estat de la Belle Iuiue, qu'il retrace les auātures de Herodias, où sont contenus plusieurs moyens de delier beaucoup de nœufs, que la cabale legitime y a conseruez en se conseruant : Si ie sçauois que la bonne rencontre en escheut à quelque indigne, i'aurois tāt de regret, que iamais mon cœur n'auroit de contentement. Toutesfois ie m'auise que ce que ie crains ne peut auenir : car toutes les affaires du monde prenent vne voye du tout contraire à la bonne raison ; Et vient fort à propos que dressant ces memoires, discourant de ces galantises, ie suis en lieu où la bonne curiosité est morte, où les beaux esprits ne pourroyent viure qu'à regret, où la gentillesse des mœurs n'est qu'auec le peu qui fait reluire le petit iour de ver-

fortunez. Entreprise I.

tu; illuminant tout le peuple: En lieu où l'excellence n'est pas en estime, & où l'on ne fait cas que de ce que le plus indigne vulgaire tient à profit, partant ces raretez sortans de ce lieu, iront brauement apres les autres és endroicts où le merite est recogneu, & là iouyssans de leur propre gloire, auront heureuse vigueur entre ceux qui le valent. Nous sommes trop long temps sur ceste considération, donnons aër à nos desirs: Et vous belle de mon cœur, qui forcez mon naturel à me tenir icy, contre les droicts de curiosité, effacez par vostre belle grace l'incommodité que mon esprit reçoit parmy ces!

DESSEIN SEPTIESME.

Les FortuneZ estans partis nous eusmes de la pierre rassasiante, puis partismes de Sympsiquee, & surgismes au hanre de l'Empire de Gindicee. La façon de viure de l'Empereur tres-accomply, dont fut ialouse Etherine fille du Roy de Boron, laquelle pour ceste cause fit vne hazardeuse entreprise auec le Prince de France.

SI nous eussions esté bien sages, les Fortunez ne fussent partis de Sympsiquee sans nous, & ce qui nous donna plus de regret, c'est qu'vne Demoiselle du pays en deuisant librement nous dict leurs noms, Elle pensoit que nous les cognussiós, d'autant que nous estions curieux, & nous estions côme ceux qui ont vne lunette a facettes, qui ne sçauent choisir le vray d'entre plusieurs representations: ainsi les enfans ont toutes libertez dont ils ne peuuent iouyr, car ils l'ignorent: & aux vieillards on permet tout, pour ce qu'ils ne sçauroyent: à cause que la puissance leur denie ce que le vouloir executeroit. Pardonnez aux presomptueux apprentifs. Nous sçeumes que l'aisné des Fortunez est Caualiree, le second Fonsteland & le tiers Viuarambe. Nous en auions tant ouy parler autresfois, on ne nous preschoit que de leurs vertus, ils estoient le but de nos entreprises & pensions les bien cognoistre, & toutesfois les ayans deuant les yeux, les frequentans & pouuans obtenir d'eux nous n'y auons pas pensé. Nous auions le conseil & la sapience s'estoit offerte, & nous l'alions chercher au loin sans les cognoistre. Nos desseins estoient trop prompts, & nostre cœur ne sçauoit pas choisir ce qui luy conuenoit. Nous seiournasmes en Sympsiquee, & nous souuenans de ce que Fulondes auoit dit de la pierre rassasiante, il nous fut aduis que si nous la possedions vn iour que nous serions bien aduancez, & parfaictement sçauans par ceste cognoissance, & de fait, nostre retardement n'estoit à autre fin, n'en faisant toutesfois aucun semblant ny mine d'y penser, & de fait, si on en discouroit nous destournions accortement les propos, ayans peur que les entendus nous descouurissent à nostre perte. Pauurets que nous estions, nous pretédiós à de petites paillettes & nous auions laissé le bié abondãt. En ceste humeur nous delectãs en ce pays tãt accomply do raretez qui nous allechoient de plus en plus, nous n'attendions que l'opportunité d'auoir ce que noꝰ souhaittions & eſtimions trop: ceſt aduis eſt ordinaire à tous ceux qui deſirẽt: & faut librement cõfeſſer que nous fuſmes biẽ aiſes que noſtre vaiſſeau eſtoit encor mal en point pour nous arreſter icy & ne ſuiure pas les Fortunez, qui auoiẽt bien d'autres entrepriſes que les noſtres: ainſi les enfans font cas de leurs chaſteaux de noix. Ces bõs Inſulaires noꝰ faiſoient beaucoup de courtoiſies, & tãt que nous en eſtions confus, meſmes nous donnoient pleine liberté de voir, aller, venir, choiſir, eſlire, & nous ſaiſir de ce qui nous eſtoit agreable, & meſmes noꝰ fuſmes en la grotte, & en apportaſmes de la pierre raſſaſiante: Il fut fait vn Polyſpaſton auec lequel ie deſcendis dedãs le creux, & en tournãt auſſi m'en releué, ainſi qu'il eſt demonſtré au theatre des machines: la machine eſprouuee il en fut fait vne grãde, tellemẽt que pluſieurs furent en cet antre, où lõ trouua le corps de la mauuaiſe Fee qui s'y eſtoit precipitee. Apres ceſte aduanture ayans vn de nos deſirs auec pluſieurs autres ſecrets qui nous furent liberalemẽt cõmuniquez, nous priſmes congé de ces gens de biẽ, & taſchaſmes à trouuer les Fortunez, à quoy nous fuſmes aidez, car les bõs vẽts noꝰ guiderẽt ſi biẽ que noꝰ priſmes terre au havre meſme, où ils auoient abordé, & ſurgiſmes en l'Empire de Glindicee, où nous trouuaſmes vn peuple ſage gouuerné par vn Empereur doüé de toutes vertus, Prince qui en la tranquillité de ſon eſprit eſtoit modeſte & reſolu, non enuieux, ny enuié, redouté des mauuais, chery des bons, & amateur de tout ce que la vertu eſtablit, n'ayant ſoing que d'eſtre eſtimé des gens de bien. Ce Monarque glorieux de l'amitié de ses subiects, & heureux de l'abondance de paix qui le couuoit en la douceur de sa vie, s'estoit proposé comme estant au comble de felicité, de passer le temps plus humainement qu'il luy seroit possible, & se proposant l'honneste volupté pour but, se dedia aux exercices fauorables aux grands & aux vertueux, & sur tout auec autres contentemens licites, il assaisonna ses plaisirs des delices de la Musique, laquelle estoit vne de ses plus fauorites occupations auec la peinture. Il ne receuoit point ceux qui luy donnoient des aduertissemens pour des daces iniustes, & ne prestoit pas l'oreille aux Theologiens melancholiques, lesquels n'ont pour but que le trouble des consciences, & le subuertissement des Estats & Royaumes : Ceux là qui parloient des desbauches amoureuses aux despens de l'honneur des Dames ne s'osoiët trouuer en sa presence, il n'y auoit que les prudens aymans la pieté & l'honneste plaisir qui fussent bien auprés de luy, car il estoit vertueux. En ceste belle condition il viuoit paisible & bien aymé de ses voisins, & chery de ses subiets, desquels il receuoit plus souuent des presens qu'il n'en demandoit : aussi ses Officiers ne molestoient personne, & n'eussent osé parler en son nom au peuple pour demander. Cest Empereur agreable & bien fortuné visitoit és iours de commodité ses maisons de plaisance, ayant ce pendant tousiours soin de faire & rendre iustice, non que tel fust son plaisir, mais pour ce qu'il le deuoit, & y auoit tellement l'œil, que ses peuples iouyssoient de concorde & de biens, & luy par ce moyen sentant sa part de telles bonnes cōmoditez, suiuoit ses beaux plaisirs. Il auoit vn chœur de la plus agreable Musique, à quoy ne deuoit rien le concert de la delicieuse Poësie : auec ces deux marchoit à l'esgal l'excellente peinture, dont il auoit fait chois parfait, ainsi que Iuge competant, parce qu'il s'y entendoit, & les pratiquoit artistement. Et pour n'y oublier rien, il en appointoit liberalement les studieux qu'il pouuoit retenir ou attraire. Les belles recompenses, le bon accueil, & l'amitié non feinte dont il obligeoit les sages, doctes & vertueux, attiroient des professeurs experts, qui de toutes parts le venoient veoir, les vns pour faire fortune, & s'accomplir dauantage, les autres pour l'admirer & estre en sa grace. Les discours de ses occupations alloient de bouche en bouche par tout: tellement qu'il n'y auoit gueres de pays où les curieux ne sceussent l'estat de cest Empereur. Ce pēdant qu'il se dōnoit ce soin, le grand & riche Roy de Boron abondant en toutes commoditez meu peut estre d'vn semblable esprit, de peur d'estre serf de ses biens dont il se seruoit, se iettoit à telles perfections, & pour y auoir plus de plaisir y auoit faict instruire Etherine sa fille vnique, laquelle s'y employa si bien, qu'auec toute la fleur de beauté que nature luy auoit donnee, elle adiousta à ses autres perfections, qu'elle fut accomplie à bien chanter & toucher toutes sortes d'instrumens de Musique, non à l'auanture, mais selon les preceptes & obseruations de l'art, sçachant les maximes de la profession: Ceste belle estoit vn astre luysant sur tous les pays voisins, & desia sa lumiere esclattoit vers les terres esloignees. Le Roy son pere qui ne pensoit qu'à ceste gloire de plaisir, luy donnoit toutes sortes d'honestes libertez. Or comme l'âge nous forme, & qu'auec beaucoup de vertus nous desirós en accumuler d'autres: la belle ayāt volōté de passer d'vne perfection en l'autre, eut voulu tout embrasser, & entreprēdre pour se parfaire, & encore y estoit plus stimulee par vne genereuse emulation qui la poinçonnoit, quand elle oyoit parler de quelque autre qui eust des perfections : en l'ardeur de ce plaisir elle receuoit sous l'aueu du Roy toutes sortes de doctes & de curieux, qu'elle oyoit volontiers discourir selon leurs humeurs: car l'vn disoit les accidens de quelque auanture amoureuse, l'autre contoit de certaines parties terminees ou non accomplies: Tel mettoit en auant des secrets trouuez sās en resoudre, quelqu'vn en disputoit plus pertinemment, mais elle prestoit l'oreille plus attentiuement à ceux qui mettoient les sciences en suiet de propos, & sur tout quand selon l'heure & occasion on luy bailloit quelque demonstration dont elle peust enfler son vertueux magasin. Son cœur qui voloit apres la reputation, & qui luy faisoit cognoistre qu'elle n'estoit point tant esloignee de merite, qu'elle ne peust forcer doucemēt quelque grand courage à l'amour, dont elle estoit capable, luy fit proposer en soy-mesme qu'elle ne se laisseroit iamais vaincre à ceste passion, que pour vn suiet qui excellast en merites. En ceste pēsee elle protesta sur son ame de ne permettre iamais à aucun de l'aymer, qui ne fust esloigné de tous appetits vulgaires, & ne surpassast tout autre en perfection d'auis & de dexterité. En ceste resolutiō elle ouyt parler de ce grād Empereur qui n'euſt ſçeu eſtre aagé que de trente & trois ans, (veuf toutesfois d'vne ſage & belle Dame, laquelle eſtoit decedee pour vn effort faict à la chaſſe) ce Prince eſtoit fort renommé en ces pays là, & la nouuelle en ſaiſit tant le cœur de la belle qu'elle s'oppoſa à ſa gloire ; elle eſtimoit qu'il ne falloit pas que l'homme qui eſt le groſſier chaos dont la fille eſt la quinte eſſence & pure ſubſtance, fut le plus accomply, parquoy s'obſtinant en ceſte guerre ſpirituelle qu'elle faiſoit en ſoy-meſme, ne ceſſoit d'imaginer le moyen de faire voir qu'elle le pouuoit aiſément vaincre, & qu'il n'appartenoit qu'à elle d'eſtre accomplie: ſa particuliere paſſion à le ſurmonter en vertus, fut le motif de toutes ſes entrepriſes. En la tentation dont ſa curioſité la poinçonnoit, elle ſe propoſa d'eſſayer les moyens d'abattre le nom de ceſt Empereur pour releuer le ſien, & en ceſt excés ſe trouua en des inquietudes formees, qui l'agiterét tellement de paſſion particuliere, qu'elle ne ſoulageoit ſa vie qu'à deſigner ſes deliberations, qui la tenoiët attentiue à l'effet qu'elle premeditoit. Et bien qu'elle fuſt ardemment ſolicitee de l'honneur qu'elle pretendoit en l'excellence dont elle vouloit combattre ce grand & magnifique Monarque, ſi demeuroit-elle touſiours en l'apparence accouſtumee, ſa diuine maladie ne luy faiſoit riē naiſtre de melācholique ou indecent, elle viuoit auec chacun de meſme grace que d'ordinaire. En ce tēps là pluſieurs Princes eſmeus du renō & des perfections d'Etherine hātoient la court de Boron, & faiſans diuerſes & belles parties pour l'amour d'elle, & à qui mieux mieux taſchoient à ſe rendre agreables à la Royne de leurs cœurs:

Il luy venoit à gré d'aperceuoir les ceremonies amoureuses sous lesquelles ils se transformoient pour estre acceptables, & les retenant par vne faueur proportionnee les rendoit tous contens, le plus aduantureux, & qui sçeut mieux sa court amoureuse, induit par son propre conseil, se presenta à elle auec vne audace plus exquise que les autres qui s'attendoient au hazard des loix, & mutuelles pratiques des volūtez paternelles. Il estoit Prince autant braue que veritable, autant resolu en ses conceptions que iuste en ses paroles, & fidele en actions, tel que le deuoit estre vn fils de France. Ce Prince auoit esté enuoyé par le Roy son pere en l'expedition d'Ofir, d'où reuenāt il s'estoit rencontré en ceste belle aduanture, & occupation d'esprit, aussi fut-il le plus galand à s'addresser à la belle Dame Etherine pour cest effect l'ayant remarqué capable de conduire vne genereuse entreprise, luy permettoit de s'engager de plus en plus en son affection, & le cognoissant auoir de la passion pour elle, le faisoit doucement recuire en ses feux, afin d'en tirer le seruice qu'elle pretendoit à son contentement. Quelques fois qu'il se trouuoit à propos auec elle, elle luy donnoit occasion de luy descouurir quelques ombres de ses intentions, qu'elle recueilloit pour s'en aider, & par attraicts vertueux l'enlaçoit mignonnement, si que petit à petit il se descouuroit à elle, aussi elle le receuoit d'vne grace tant obligeāte, qu'il fut tout sien. Etherine qui auoit assez de prudence pour en iuger, vid bien qu'elle estoit Dame absoluë de son courage. Or vn iour de festin qu'il eut l'honneur d'emporter la bague que elle

elle auoit donnee, ils deuisent long téps ensemble, & auec telle modestie que les yeux n'y descouuroiët riē de leurs affaires, ce que sçauët biē pratiquer ceux qui ont l'industrie de delayer les goutes du soupçon dans la liqueur des belles humeurs que les actions hônestes demeslent. Ce Prince par plusieurs diuerses rencontres de propos luy ayant fait infinies humbles protestatiōs de seruices, qu'il reiteroit sagement, & poursuiuoit auec apparēce de zele, rendit certain le cœur d'Etherine que c'estoit sans feintise qu'il s'offroit à elle, & que ces discours n'estoient pas des friuoles entretiens de court, mais des asseurāces de fidelité, parquoy elle luy repartit ainsi, Ie ne doute point, Prince accōpli, que ce que vous me proposez d'affections ne soit vray, mais ie ne puis m'asseurer de vostre cœur que par espreuue: Si vous auez de la passion pour moy, cōme tant de fois vous me l'auez protesté, & ie le veux biē croire, pour sçauoir s'il y a au monde vn fidele amāt, & parfait, lequel ayme sa Dame seulemēt pour l'amour d'elle-mesme, & que le soucy qu'il a de luy faire seruice soit sans esperer que ce qu'il luy plaira de recōpēse, n'ayāt autre pretentiō, que d'auoir l'honneur & le plaisir en son ame, de luy auoir fait seruice. Si vous estes tel que ie vous propose cest amant, & si vostre dessein est ainsi que ie le pense, & qu'ayés enuie d'estre mien de la sorte que ie le veux, i'en feray l'estat que ie dois: Aduisez à m'en asseurer, afin que le sçachant, ie m'adonne à vous & que nous ayons vne mutuelle certitude de nostre desir & de sa fin. Or, pour ce que ie sçay fort bien que quād ie voudray oublier la loyauté que i'ay promise à mō ame, & le sermēt

E

que i'ay fait à mon cœur, ie ne manqueray point de seruiteurs qui serōt à moy à l'ordinaire de tout le monde, mais ie ne le veux pas, & si desire d'estre seruie d'vn qui m'ayme : si vous souhaittez estre cestuy-là, ainsi que m'auez tant de fois coniureà le croire, ie vous diray les loix que ie veux que vo⁹ obseruiez pour estre receu de moy : Il faut que ma simple parole soit l'asseurance de ce que vous pretendez de moy, aussi est-ce la plus certaine preuue que ie vous puisse rendre, il conuient que vous soyez celuy seul qui tienne toute la forme de la fermeté en l'amitié que nous deuons establir, & de laquelle ie ne vous veux faire aucune demonstration iusques à ce qu'il me plaise, ou qu'il le faille, ou qu'il soit raisonnable, & encor en la sorte que ie l'ordonneray lors que ie vous priray de me dōner vn don que vous m'accorderez. Si selō ces loix vous faites ce dont ie vous prieray, ie vous estimeray vaillant & veritable, puis apres nous parlerōs du prix deu à vostre merite, selō le temps, la fortune & l'honneur. LE PRINCE. Madame, ayant resigné mes volōtez sous vostre pouuoir, il est necessaire que ie depende du tout de vo⁹, les loix que vous m'ordonnez sont l'ordre de vie que ie dois suiure, ce que vous cōmāderez, est ce qu'il faut que i'effectue, puis que mon esprit est à vous, conduisez-le comme il vous plaira : car autrement ne serois-ie point vostre seruiteur, si i'auois quelque intention qui fust tant soit peu destournee de la reigle que vous establirez sur mes volontez & actions. ETHERINE. En ceste asseurance, ie vous diray mon secret, & voicy le premier proiect par lequel ie vous obligeray à croire que je vous ayme, & que vous n'aurez volonté que la mienne: Ie suis en vne inquietude continuelle pour l'excellence de l'Empereur de Glindicee, qui seul est celuy qui peut emporter sur moy la victoire en l'execution des suiects mignons que i'ay proposez en mon esprit pour seule y triompher sur tous les esprits qui respirent ceste vie: & pource que ie ne suis pas Amazone conduisant les armees, ce que i'eusse peu faire, si le temps & l'occasion m'y eust induite, i'ay addonné mon cœur à ce qui l'a peu rendre accomply, & me suis tellement determinée à ces effects, que ie ne veux pas qu'il y ayt vn autre que moy qui excelle en ce que i'abonde : c'est ce qui m'inquiete & d'entendre que ce Prince, pacifique soit tellement accomply, qu'il en sçache plus que moy, ie ne veux point que cela soit, car il n'y a rien que i'aye entrepris sçauoir, que ie ne cognoisse absolument, aussi i'espere le vaincre en sa presence, & luy faire rendre les aboys és concerts que nous ferons, quand il sera temps. LE PRINCE. Madame, sans tant vous inquieter, sans vous donner de la passion pour luy, en alterant vostre bel esprit qui doit estre en paix, voulez-vous que ie parte tout maintenant, & que i'aille à luy, & qu'au milieu de ses pays, dans l'enclos de ses forteresses, au sein de ses gardes ie luy oste la vie qui vous fasche? Et qu'y a-il au monde de plus punissable que ce qui trouble le bel esprit de Madame? Ouy, i'iray & i'esteindray pour iamais les dexteritez de celuy qui vous importune? ETHERINE. Non, mon braue Prince, non, celuy

E ij

qui estes mien, ie ne veux pas celà, ie n'aurois plus de gloire, ma belle presomption seroit esteincte, mon heureuse emulation n'auroit plus de suiect; & puis celles qui ont de l'honneur ne sont point sanguinaires, ie ne veux la perte de sa vie, ny l'exaltation de son industrie : ie le veux vaincre, & si ie veux qu'il viue, afin que i'aye l'honneur, & luy le regret, & que ie sçache que ce que i'ay surmonté par ma vertu, est & vertueux & en vie. Parquoy ce que ie veux de vous est vn office signalé pour cest effet. Puis que vostre serment est en ma main, que ie vous ay declaré mon courage, vous estes obligé à ce que ie desire, vo° partirez de ceste court comme pour aller visiter d'autres Royaumes, & accomplir vos voyages, & irez vous preparer aux bords de la mer Arabique, ie vous fourniray de toutes commoditez, d'autant que loin de vostre pays, vous ne pourrez si promptement en auoir, & mon affaire tarderoit : vous pouuez sçauoir que le Roy mon Seigneur a là sur le golfe de la mer rouge de grādes Seigneuries, & en ceste coste heureuse vne belle longueur de pays, & d'autant que dans peu de iours il veut enuoyer en Ofir, il ira là faire dresser l'equipage, & i'iray auec luy. Vn peu aprés que la flotte aura leué l'ancre (selon sa coustume, ioint qu'il y a affaire) il ira en l'isle des escreuices qui se petrifient quand elles perdēt l'eau, cependant qu'il s'y delectera, ie passeray en l'isle des perles, où i'ay vn beau chasteau, & vous serez à l'autre bout vers le midy à l'abry, en m'attendant en vostre vaisseau leger, & ainsi que ie passeray, vous attaquerez ma nef qui sera fort desgarnie, & vous saisirez de moy, & ferez mettre tous mes gens à terre, & m'emmenerez auec mon vaisseau, celà faict, vous tirerez au destroit où sera vostre equipage, où nous entrerons, & laisserons les deux vaisseaux à l'ancre; en amusement à ceux qui voudroient venir apres nous, & en diligence nous suiurons la route de Glindicee. On pensera que ce soit quelque escumeur de mer qui ait faict ce butin. Nous aurons bien aduancé auant qu'on scache de nos nouuelles, car de vingt iours le Roy ne scauroit scauoir où seront mes gens, qui auront loisir de cueillir des perles, car i'ay accoustumé d'y seiourner autant, & quand le Roy verra que ie passeray ce terme, il y enuoyera : quand à nos vaisseaux laissez au havre desert, ils y seront long temps, car on n'y va que par hazard ou deux fois l'an pour aller à la recherche des esmeraudes. Estans au port desiré, vous ferez le marchand, & me presenterez à l'Empereur, & de là me laissant acheuer mon entreprise, vous irez en Quimalee attendre de mes nouuelles, & ne bougerez de là que vous n'ē oyez soit tost ou tard, ie vous addresse là, car c'est vn pays de toute liberté, & où l'on n'est point recherché, c'est le vray Asile du monde : voilà mon conseil, mon desir & mon attente : aduisez à faire vostre deuoir, & ie me disposeray à faire le mien. LE PRINCE. C'est desia faict, tout est prest, ainsi que vous le prononciez il se faisoit. Ne faillez à l'assignation, car desia ie suis là vous attendant en grande deuotion de vous faire seruice.

E iij

DESSEIN HVICTIESME.

Le marchand ayant veu l'Empereur, luy laisse Etherine, & l'Empereur la baille en garde à la Fee Epinoyse à laquelle elle raconta son estre & condition, sous vne belle feinte. L'Empereur s'addonne à aymer Etherine du tout.

LE François executa le commandement de la Princesse sans frauder les conuenances mutuelles, ce qu'ayant bien & diligemment accomply, leur nef aborda fort heureusement & promptement en Glindicee, où le Prince en habit de marchand, arriua à Belon, ville Metropolitaine, en laquelle residoit l'Empereur, & de bon-heur il rencontra ce Monarque venant de la chasse, lequel le fit appeller, & l'entretint de discours, luy demandant d'où il venoit: le marchand le satisfit beaucoup, & pleut tant à sa Maiesté, qu'il le mena auec luy à la fontaine, où il alloit se recreer. Cest Empereur faisoit grand cas des estrangers, & les carressoit fort. Aprés quelques petits deuis, l'Empereur dit au marchand, Aduisez ce que vous desirez de moy. LE MARCHAND. Sire, ayant ouy le bruict de vostre reputation, qui passe au delà de tous les pays, & que vous estes le Prince le plus curieux des viuans, ie vous ay amené le plus rare suiect du monde, qui est vne Nymphe belle entre les parfaictes, sage, & autant accomplie qui soit en l'vniuers, excellente en toutes les belles sciences, dont vous exercez vostre esprit apres vos grands affaires. I'ay creu, que vous faisant si beau present, i'auray vos bonnes graces : parquoy, Sire, s'il plaist à vostre maiesté, ie la vous feray veoir, & la mettray entre vos mains. L'Empereur eut agreable ce que luy proposa le marchand, & le pria qu'au plustost il luy fist veoir ce qu'il luy promettoit, & commanda qu'on fist tout bon recueil & courtoisie à ce marchand. Le lendemain à heure commode le marchand se presenta à l'Empereur auec sa Nymphe. Incontinant l'Empereur enuoya en sa petite maison de plaisance de la Fontaine, où il manda à la Fee qui en estoit concierge, qu'elle preparast vn concert de Musique, car par là il vouloit essayer les perfections de la Nymphe, laquelle il luy enuoya aussi, & retint le marchand, luy faisant beaucoup d'honneur, pour ce qu'il luy estoit aduis qu'il estoit de façons & habitudes plus exquises que d'vn marchand, & se proposoit en son cœur que c'estoit de ces riches Princes qui font la marchandise en l'Europe. A l'heure de l'assignation, l'Empereur ne faillit pas, liures furent mis sur table, instrumens furent apportez, & chascun se mit à faire du mieux, & dés lors les deux côtendans à l'excés parfait, commença à iuger de la force de sa partie. Deux iours apres l'Empereur voulut conuenir auec le marchand, & luy demanda ce qu'il desiroit de luy, & à quelle condition il luy laisseroit ceste belle fille. Sire, dit le marchand, si elle est à vostre gré, ce luy sera vn grand heur d'estre à vous, non s'il vous plaist, comme vne triste seruante, car elle est de bon lieu, mais en fille d'honneur, & ie ne vous demande autre chose, sinon qu'elle soit en liberté de viure honorablement, & qu'en telle sorte elle soit maintenuë en vostre seruice, & lors que vous en serez contēt, & qu'elle l'aura merité, & qu'il vous plaise d'en faire quelque chose & la prouuoir selon sa capacité pour la retenir pres de vostre Maiesté, elle me le fera sçauoir, & ie viēdray icy receuoir le guerdō que vous m'adiugerez. L'Empereur trouuāt son dire bō, voulut ce qu'il auoit proposé: & le marchād prenāt congé de luy pour poursuiure son trafic, l'Empereur luy fit present d'vn diamāt fait en poire qui auoit de petit diamettre six lignes, luy offrāt & soy-mesme & son biē, & toutes ses terres à son cōmandement pour demeurer ou aller & venir à sa volonté, sa maison luy estant ouuerte perpetuellemēt & aux siens. L'Empereur estoit tres-content de ce beau ioyau qu'il mit entre les mains de la Fee Epinoise, laquelle l'enquit de son nom, de ses parens, du lieu de sa natiuité, & de son estat, & la belle luy dit, Ie suis Etherine fille de la Nymphe Oris (il estoit vray qu'Oris auoit vne fille de mesme nō, & si pourtant ceste-cy n'ē sçauoit riē) laquelle demeure en vne petite Isle voisine de la mer Phyloxene. Ie me suis toute ma vie addōnee à l'exercice de la musique, peinture & autres cōportemens vertueux ausquels ma mere m'a induite. Or ie vo9 diray, puis qu'il faut que ie viue auec vous, qu'vn personnage descēdu de la race du grand Atlas, m'a tellement instruit és sciences lesquelles ie practique, que souuent i'ay surmonté mes compagnes, & plusieurs doctes qui en faisoyent profession, & me tenois tant contente de ce bien, que pour entretenir ma voix, à cause de la musique, & ma disposition és autres gentillesses, il me rendit auec quelques miennes compagnes en vn ordre de chastes filles, où i'ay passé quelques annees sous le vœu de virginité, en intention perpetuelle de viure selon les sainctes constitutions de ce lieu là. Mon pere viuoit encor', qui estoit le premier & plus sçauant astrologue de son temps, le bon homme estoit ja vieil quand ie nasquis, & n'y a gueres qu'il a fait sa paix auec le siecle, or me voyant grandette & constante en la resolution que i'auois prise, il m'y confirma: mais pource qu'il iugeoit bien que ie n'estois point si disgratiee que ie ne fusse desirable, lui qui s'entendoit en la science des Talismans, en a fait vn qui est en la chappelle de nostre college, auquel est mō pourtrait, & il y a telle vertu & force auec effet indubitable, que s'il se trouuoit d'auanture quelqu'vn qui voulut attenter à ma chasteté, il courroit la plus miserable & dangereuse fortune du monde, incontinent il seroit priué de tous sens, tous ses amis seroyent opprimez d'angoisses, & ses possessions periroyent par le feu de l'air, ce dont il m'a auertie, afin que ie ne permette à aucun d'encourir ce malheur, tel qu'il est auenu à l'heritier de l'isle deserte, & aussi pour me maintenir en ma resolutiō: En fin comme les auantures, auienent, il est auenu, que nous auons ouy parler des excellences de ce païs, & i'ay voulu y venir me donnant à ce marchand, pour faire de moy ce qu'il lui plairoit: pourueu qu'il me mit entre les mains de l'Empereur. La Fee prenoit plaisir aux discours de la Nymfe, & s'esperdoit d'aise de l'auoir auec elle: tant pour sa beauté & bône grace, que pour ses autres merites, & sur tout à cause de sa belle voix & excellence en la musique, auec quoy elle rauissoit tous les cœurs, que pour le côtentemẽt que l'Empereur en receuoit. Etherine viuoit auec vne belle modestie, gardant aussi beaucoup de ce qu'elle estoit, & n'auoit point voulu feindre son nõ à l'Empereur, afin de cognoistre s'il auoit ouy parler d'elle, & s'il s'ẽ auiseroit. Elle le vouloit ainsi tenter, car si elle fut venue en digne appareil de sa qualité, par courtoisie il lui eut tout ceddé faisant plus d'estat de son rãg que de sa sciéce, ce qu'elle ne desiroit pas, & l'Empereur ne se fut pas bandé à lui resister, cependant par le sage auis de la Fee il lui donna lieu entre les Dames, auec vne honneste suite de deux filles, & vn page. Aux heures des iours assignez pour le plaisir de la Musique, l'Empereur venoit à la Fontaine, où les chantres & les dames ne faisoient pas faute, & Etherine y fit tant de fois tresbien, qu'aisément on recognut qu'il estoit seant que tous ceux qui s'en mesloyent, lui cedassent. C'estoit l'ambition de cette Belle: Que voudroit-on dire le censeur des opiniõs? que desireroit-il en penser? Tout l'excés du cœur en pensees a pour souuerain bien la fin de ce qu'il se propose, cecy est la resolution de ce qu'on en pourroit dire, si d'auenture par les succez on ne venoit à d'autres presomptions. C'est cela, il faut que le contentement soit receu quand il eschet. Souuent que l'Empereur prenoit garde à ceste beauté qui s'en aperceuoit bien, mais faisoit negligemment la non entendue, il souspiroit en soy-mesme, & eut voulu qu'elle eut esté d'autre condition, plaignant en soy-mesme le dommage que c'estoit, qu'vne telle beauté fut vne simple fille scauante. Le temps & la continuation du plaisir, furent causes que l'Empereur se noyant en ses belles delices, auisa apres vn crayon qu'Etherine auoit fait de soy-mesme, que ses yeux estoyent trop beaux pour estre negligez, puis peu à peu remarquant tant de merueilles en ce bel objet, oublia toute autre pensee pour ne penser qu'aux douces meditations, que lui causoyent les perfections de ceste Belle, qui deuint enfin Princesse de son ame, & s'en rendit tant passionné, que sa plus delicieuse occupatiõ estoit de l'entretenir, en deliberatiõ de la prier de deposer le seau de son vœu pour estre à lui, discourant desia des auantages qu'il lui vouloit faire en recompẽse selon l'equité de son cœur. Quelquesfois il pensoit de la prier d'estre sa Dame d'amourettes: puis la iustice lui en mettoit vne crainte en l'ame, si qu'il s'en reueilloit, l'estimant de trop de merite pour estre d'vn ordre si miserable: Et puis l'aymant de passiõ il desiroit & eut voulu qu'elle eut obtenu tel rãg, qu'elle eut esté capable d'estre Imperatrice: voila comment Etherine estoit le bel objet de l'Empereur, & son plus exquis exercice, mesmes il n'auoit pas souuent le loisir de despescher affaires pour incontinent se rendre, où il deuoit trouuer son vnique entretien, sa belle, ses delices nouuelles, dont la plus exquise faueur qu'il ait obtenuë encor', auec protestation de n'en abuser, fut de baiser quelquefois sa belle bouche en signe seulement, comme il disoit aux presens, du bien qu'il conceuoit en son courage, des beaux accords qui s'y formoyent : A la verité elle estoit la douceur de sa vie, rien ne lui touchoit tant le cœur, que les auis, entretien de ceste accomplie: Et de fait il fit tant de demonstrations qu'elle lui plaisoit, qu'il voulut qu'elle fut par tout où il alloit par plaisir, & mesmes à la chasse où elle faisoit voir qu'elle auoit plus de cœur, que ce que l'on l'estimoit estre : Aussi son grand cœur ne faisoit que des demonstrations de grande, & il ne le cognoissoit pas, car son esprit estoit troublé, & celui de la Belle estoit net, entant qu'elle voyoit clair en l'affaire de ses pretentions.

DESSEIN NEVFIESME.

Pour vne legere parole, l'Empereur s'indigne contre Etherine & la fait exposer aux bois. La nuict il s'en souuient, la regrette, on l'enuoye chercher, on ne la peut trouuer : dont il entre en telle angoisse qu'il en deuient tresmalade, & encor est plus fasché quand par la venue d'vn Ambassadeur, il sceut qui estoit Etherine.

NOvs entrons au sujet qui enuelope le nostre, nous commençons en recommençant,

He bien nous autres debiles personnes pouuons bien estre deceus, puis que les monarques le font. On dit ordinairement: si telle chose estoit, ce grand Prince le sçauroit, lui qui a des moyens, de l'authorité & des faueurs! Ne pésez pas cela, petites gens, les entreprises sont selon les hômes, & ie le sçay pour l'auoir veu, & ie le diray biē, que pres des Rois & des grands, sont le plus souuēt les plus ineptes, i'ay veu en des petits Baillages, des Iuges plus sages qu'aux cours de Parlements. Tout beau Muse, tout beau, ne vous meslez pas des affaires d'Estat, laissez les aux Prescheurs qui se veulent perdre, suiuons nos mignonnes conuoitises qui n'offencent personne: Alons, nostre chemin, coulons nos traces d'amour. Comme il ne se peut que nos aises continuent, si nos affections ne sont reglees; Il n'est pas possible que voulant tousiours monter sans auoir quelque relais pour s'appuyer, on ne face vne grand cheute venant à eschapper: de mesme vne vnique passion toute violente, ne peut qu'elle ne dōne vne grāde occasion de debris quand vne autre la pousse, ceci est dit à l'auenture, à ce que chacun en prēne ce qu'il lui plaira. La violence & l'amour de ce Monarque s'vlcerant brusquement, fit place à vne fureur plus insolente & dangereuse, & dont les effets ont paru trop pernicieux, le peril toutesfois en est escheu, selon les bontez ou malices des subjets, la fin en fera foy. Il auint vn iour qu'estant à la chasse, l'Empereur deuisoit auec Etherine à l'oree d'vne forest, ils apperceurent vn cerf qui venoit lentement sans les descouurir, l'Empereur dit à Etherine, Belle, voyez-vous ce cerf, où voulez vous que pour l'amour de vous, ie le blesse d'vn coup de fleche? ETHERINE. Sire, vous qui estes accomply en tout pouuez faire ce qu'il vous plaist, ie vous diray pour tant, que ce seroit vn beau coup de lui dôner d'vn trait au pied & à l'oreille. Incontinent l'Empereur inuentif, comme sont tous amans, appresta son arc qu'il mit à ses pieds, & prit d'vn page vn arc à ialet auec lequel il tira droit en l'oreille du cerf, & y porta vne balote de terre legere, qui rencontrant le ferme des cartilages de l'oreille se mit en poudre, qui fut cause que le cerf sentant ce fretillement s'arresta, & du pied de derriere du mesme costé de l'oreille, secoua ceste poudre qui l'importunoit: estant en ceste action, l'Empereur sans perdre temps decocha viuement vne fleche de telle addresse, qu'il enfila le pied & l'oreille, & de l'auance du coup la ceruelle penetree le cerf tomba: Chacun admiroit vn si beau coup, mesme l'Empereur fier de si iuste rencontre s'en glorifioit cordialement: & s'addressant à Etherine luy dit. Et bien, Belle, qu'en dites vous? Elle ayant pris la grauité de son geste, & voulant par vn excés notable sonder ce Prince iusques au vif, luy respondit d'vne façon assez dedaigneuse, Sire, i'ay parlé d'vn coup, ie pretendois que vostre force fut si grande, que luy perçant l'oreille droite en biais, vostre trait iroit chercher les iointures, & liaisons des os à ce que trauersant aux conionctions des muscles, elle veint à la fin acheuer sa violence sur le pied senestre, qu'elle eut lié à la terre. Et puis vous auez vsé d'vn artifice indecent à vn grand, tel que vous : car vous vous estes serui de l'arc d'vn page, pour tromper vne beste Royale : ce pauure cerf se presentoit à guerre ouuerte, & vous l'auez deceu; ainsi sans ce stratageme, vous n'eussiez pas faict rencontre. Remarquez Amans, que quiconque ayme veut que le sujet aymé luy deffere tant, que toutes ses actions luy doiuent estre perfections, tous ses propos Oracles, & tous ses gestes graces, & puis il n'y a rien si delicat que l'esprit d'vn Amant, qui soudain se picque mesmes és roses cueillies. L'Empereur oyant cela, & voyant la façon d'Etherine, la iugea trop arrogante & temeraire, & croyant que l'amitié, dont il luy a faict demonstration, l'ait portee au delà des limites de raison, pour oublier tout respect, fit en soy vn changement vniuersel de toutes humeurs, tellement que de la fureur d'Amour qui le transportoit, il entra en vne rage de cholere si vehemente, qu'elle surmonta l'ardeur de son insolente affection, & iettant sur ce beau Soleil vne nuee de regards furieux, il luy dit : Comment petite impudente, estes vous tant presomptueuse que d'abuser de mes faueurs de telle sorte, osez-vous tant glorieusement me respondre, & faire indiscretement la sotte & desdaigneuse ? folle & outrecuidee, pour vn peu de vanité : dont vous pēsez faire gloire sur tout, vous faites de l'effrontee, à cela ie recognoy la feinte de vostre cœur, & que vous estes vne maligne affettee, toute autre que ce que l'on me fait accroire : Non vous ne m'affronterez pas, c'est d'autres qu'il faut seduire par tels artifices. I'enseigneray aux ames ingrates, traistresses & mescognoissantes, à se tenir en leur deuoir par la punition que ie feray de vostre audace: Cela dit, il l'a fit despoüiller, & en cotte lier pieds & mains, & porter bien auant en la forest, lui mesme la voulut voir exposer en ce lieu esloigné, & estant là posee il lui dit, Sois là tant que ta fortune t'engloutisse, & temeraire reçoy le salaire de ton impudence, que les ours, les loups, & les lions chastieront. Et en ce courroux l'Empereur se retira. Ceux qui virent ceste prompte & inesperee disgrace, entendirent bien que le naturel des Princes souuerains est, d'estre lions, ausquels il ne se faut pas iouër: d'autant qu'ils sçauent que tout leur est permis, & croyent tout leur estre deu, tels sont les hommes qui ont domination, quand ils sont pauures de sagesse, despoüillez de bonté, & nuds de la cognoissance de soymesme. Il y eut beaucoup de larmes espandues pour ceste pitié, & infinis souspirs furent formez par la douleur que plusieurs eurent, voyans ce desastre tant contre toute apparence. Il n'y auoit aucun qui eut veu ou cognu Etherine, qui ne la regretast, & ne maudit l'indigne boutade de l'Empereur pour si friuole sujet, & que ne fit deschoir de sa pensee la longue estime qu'on auoit eu de sa sagesse. Helas! la pauurette se trouua fort desolee, se voyant en vne telle extremité, où son cœur trop grand l'auoit laissé conduire: car elle ne voulut iamais ouurir la bouche, depuis que l'Empereur eut mal pris ses paroles, sa grãdeur de courage lui fit maintenir sa resolution, pour vaincre son ennuy, & bien que depiteusement suporter en silence ceste indignité:& pour faire paroistre (si on y eut pris garde)

garde) l'excés de ſa magnanimité, contrecarrant l'impetuoſité de celuy qui a la force en la main, ne laiſſa couler aucune larme de ſes yeux, aymant mieux en ce deſeſpoir ſe venger de l'Empereur en periſſant, que receuoir courtoiſie de luy en le priant. Ce luy fut vne tres-dure neceſſité, & inſupportable ; mais quoy ? elle choiſit pluſtoſt d'eſtre ruynee, que de demordre de ſon exquiſe valeur, en implorant pour obtenir miſericorde. Quelques heures apres que l'Empereur eut eſté à par ſoy, il ſentit ſes penſees ſ'approcher de luy, & voyant le ſouuenir du paſſé eſtaler en ſa memoire, les tableaux de ſes fantaiſies, ſe trouua inquieté de maintes diuerſitez, qui conceurent en ſon cœur les viues ſemences d'vn poignant regret, lequel apres que la violente chaleur de ces malheureuſes vehemences fut vn peu attiedie, y fit vn nouuel eſtabliſſement, ſi que poinçonné iuſques au vif, il recognut l'erreur de ſon inconſideration, maudiſſant ſes inſolentes coleres : En ceſt eſtat eſmeu d'vne inquietude penchant à la repentance, il conferoit de ce qu'il deuoit faire, & ne ſçauoit comment ſe reſoudre, tât eſtoit grand & penetrant le prompt venin de vengeance qui l'auoit empoiſonné, & ceſte mauuaiſtié n'eſtant encor bien conſumee, encor qu'il ſe repentit de telle fureur, il ne ſ'adonnoit en ſon agonie qu'à des reſolutions douloureuſes. En ſon lict, au lieu d'eſtre paiſiblement enueloppé du doux linceul de l'agreable ſommeil, qui eſt le plus doux effet de toutes les douceurs, il fut perſecuté de differentes repreſentations, par l'induction deſquelles la confuſion de ſon ame le ietta dãs vn

F

labirinthe de desplaisir, qui le coulant au goufre d'angoisses le pressa de tant d'afflictions, que la moindre estoit suffisante de le molester iusques à la mort. Sans cesse le souuenir lui enfantoit les figures de ses delices desirables, dont il auoit ruyné le sujet, lequel bien qu'il fut eslongné & rejetté luy fournissoit incessamment les pourtraits de l'accomplissement de sa chere volupté pretendue, en celle qu'il a indignemēt destruite. En ceste mordāte desplaisance, il prit resolution d'éuoyer chercher Etherine, & se proposoit l'ayāt retrouuee lui faire tāt de bōnes satisfactions qu'elle seroit cōtête, & minutāt desia en son cœur, les belles paroles dont il la doit amadouer, proportionna le remede à son ennuy, & enuoya en diligence de ses plus loyaux, pour soigneusement la trouuer & la ramener : Ces seruiteurs fideles & diligens, & qui n'ont autre consideration que d'obeïr à la parole de leur Prince, vont en haste, taschent d'executer ce qu'ils peuuent de leur charge, ils arriuent où eux & l'Empereur cuident qu'Etherine est errante au milieu des perils, ils courent, vont, viennent, escoutent, espient, & vsent de tout artifice de chercheurs, ils vont traçans çà & là à la queste de l'ame de l'Empereur, il n'y a coin, destour ny endroit tant reculé, qu'ils ne furettent; il n'y a buisson tant recelé qu'ils ne descouurent, ny passage tant egaré qu'ils ne frayent, ils se rencontrent auec le iour, au mesme endroit qu'elle auoit esté laissee, & y ayant passé ne l'ont pas descouuerte : Ils en mettent le deffaut sur les tenebres, mais la lumiere ne leur en apprend rien : sinon qu'ils trouuent la mesche, dont on luy auoit lié les pieds, ceste enseigne leur donne vn peu d'esperance, & les fait esplucher le bois plus diligemment, pour descouurir quelques indices, ou qu'elle soit deuoree, ou qu'elle se tienne tapie en quelque halier: Ils appellent, ils esleuent leurs voix tristes & flatteuses, pour auoir responce, & rien ne leur respond, que les sons que redisent les pieces du canal de l'antique Fee. Ils rencontrent ceux qui se leuent les premiers, pour furtiuement aller cueillir quelques buchettes, & en faire de l'argent, ils les interrogent, & ils n'en sçauent rien; Ils trouuent les bons ouuriers, qui dés le matin vont à leurs tasches, lesquels ne les rendent point plus sçauans, leurs enquestes ne seruent de rien, leur peine est inutile, rien ne respond, ny à leurs voix, ny à leurs intentions, & s'ils se mettent à appeller, ils n'oyent apres leurs cris, que les vaines redites de l'air, & les sons importuns des branches que le vent excite, & n'ayans rien effectué qui soit bon par effet, s'en reuiennent à la ville, chargez de tristes nouuelles, lesquelles raportees à l'empereur, il conclud auec eux qu'elle est perdue: S'ils l'eussent trouué & ramenee! ô qu'il y eut eu de beaux ioyaux donnez, que de belles promesses eussent esté effectuees en guerdon de tant de bons seruices! mais leur diligence a esté inutile, leur promptitude pour neant, & leur labeur vain: Ceste derniere fascherie acheue de combler l'Empereur de douleurs, le determinant à vn extreme desplaisir, & puis s'auisant que son indiscretion auoit frustré son cœur de ses plus belles ioyes & pretentions, qui luy figuroyent tant de bonnes douceurs, par la promise iouiſſance de ce rare ſujet, dont il ſ'eſt miſerablement priué, ſ'ennuya tant qu'il en deuint le vray prototype de triſteſſe. Quoy? helas! que par ſa faute ce qu'il auoit de plus cher, ait eſté la paſture des loups, que celle qu'il a tant aymee, ſoit cheute ſans ſecours entre les grifes de la mauuaiſe beſte? Que ſa vie ait eſté deſolee par ſa malice, l'ayant cruellement precipitee entre les ongles de l'animal ſans merci? Ce qui acheua & à bon droiƈt de l'emporter en l'abyſme de ſes mortelles afflictions, fut vne nouuelle qui arriua cinq iours apres ceſte calamité, c'eſt que l'on r'apporta la perte de la Princeſſe de Boron, que le triſte Roy ſon pere enuoyoit chercher par tout le monde habitable, meſmes il vint de ſa part vn Ambaſſadeur en Glindicee pour implorer l'aide de l'Empereur, à la recherche du Pyrate qui auoit enleué Etherine, à ce que ſ'il eſtoit en quelque lieu des païs de ſon obeïſſance, & qu'il fut apprehendé, iuſtice en fut faite. Ce fut à ce coup que l'Empereur ſe preſta au deſeſpoir, car par le nom, les diſcours & le pourtrait qui luy fut laiſſé, lequel n'eſtoit qu'vn eſbauché, aupris de celui qu'elle auoit fait & le reſte des apparences, il ſ'angoiſſa du tout, & ſe deſpeça le cœur: iugez-en beaux cœurs, qui auez peut-eſtre eſprouué telles auentures. Et puis la grandeur de courage dont il l'auoit recognuë, meſmes en l'excés que l'on luy faiſoit l'expoſant, lui fit iuger que c'eſtoit celle-là meſme que l'on alloit cherchant: Sa ſageſſe pourtant le fit vn peu côtenir en la preſence de l'Am-

fortunez. Entreprise I. 85

bassadeur, lequel il consola, luy promettãt d'employer ses biens, & son authorité au recouurement de la Princesse. L'ambassadeur fut despeché promptement: car l'Empereur craignoit qu'il ouyt quelque bruit de ce qui s'estoit passé. Depuis, ce triste Monarque n'a peu auoir la force de retenir ses plaintes, l'amour & le regret agissans impetueusement sur luy, le mirent en tel estat de melancholie, qu'il ne pouuoit plus receuoir de repos, l'affection du repas estoit escoulee, & les autres functions perissoyent: Peu sçauoyent l'occasiõ de son mal: car il n'auoit declaré son amour vers Etherine qu'à la Fee, il se contraignoit en ses actions, mais à la fin il fut contraint de s'arrester, & garder la chambre: Les Medecins luy preparerent des remedes, mais pour neant: d'autant qu'ils ne sçauoyent pas le mal: Et puis les sucs, les larmes, les fleurs, les racines, les fueilles, les bois, les decoctions, les essences, les sels, les eaux, les compositions, & tout ce que peut l'excellence de l'art n'ont point de puissance sur les esprits, qui sont hors du gouuernement de la medecine: Les passions ne sont pas és humeurs, parquoy les mondains ne peuuẽt mitiger les douleurs amoureuses, les mignons du repos ne sçauroyent induire le sommeil à ce pauure malade d'amour: & les medicamens qui agissent és substances sensibles du corps, ne vallent point à corriger ceste inquietude qui le gourmande & trauerse sans luy donner relasche. Son mal le met en tel estat que de moment en moment on attend que l'ame indignee quitte ce corps disgratié. Tous les siens & ses voisins en sont infinie-

F iij

ment affligez: On pense que la crainte de ne recouurer pas le Mirouër de Iustice soit cause de son mal, partant on remet tout au retour des Fortunez, qui sont allez au recouurement de ce beau ioyau: Cependant voyla ce grand Empereur humilié sous la puissance d'Amour, cruel vengeur des audaces des hommes: & faudra qu'il paye l'interest de son offence, aussi en recognoissant sa legereté, il souspira longuement chastié du grand tort qu'il a fait à la beauté parfaite, laquelle il a reiettee de luy par son inconsideration.

DESSEIN DIXIESME.

Les Fortunez reuenus consolent l'Empereur. Fonsteland fait vne belle partie pour l'amour de Lofnis. Les Fortunez concluent auec l'Empereur le voyage en l'hermitage d'Honneur.

CE nous estoit vn grand ennuy d'estre en ce païs durãt la maladie de l'Empereur, laquelle effaçoit le lustre de la beauté des sujets où pretendoyent les sectateurs de curiosité qui voyageoyent en ses terres, pourtant nostre principal desplaisir estoit, que nous ne trouuions pas ce que nous cherchions. Toutesfois nous temporisions; d'autant que selon le cours des affaires, & nouuelles certaines, les Fortunez estoiēt pres de retourner en bref: Ils estoyēt le sujet qui nous retenoit, en eux estoit le but de nos poursuites, pource que pour acheuer nostre entreprise il ne falloit que les suiure. Les Fortunez donques tant attendus, ayās deuëment fait leur legation retournerēt en Glindicee, auec l'Ambassadeur de la Royne de Sobare: à leur arriuee tout rioit desia, les esprits attristez reprenoyent liesse, aussi l'Empereur fut tout consolé de les voir. Et bien qu'ils sentissent quelque incommodité de cœur, pour la maladie de ce Monarque, si ne laissèrent-ils de paroistre en l'egalité de leur belle humeur, tellement que leur apparence fit conceuoir des fruits de contentement. L'Ambassadeur de Sobare fut receu honorablement, & magnifiquement, & l'Empereur au clair iour, de l'asseurance qu'il tiroit de la lumiere des Fortunez se fit paroistre non triste hypochondriaque, mais galād monarque & Prince, accompli sur tous ceux qui pretendent à la reputation: Ayant donné iour d'audience à l'Ambassadeur accompagné des Sages de Sobare, l'Empereur s'assit en sa majesté, & apres les discours, propos d'estat & declaration d'affaires il receut d'eux le Mirouër de iustice, & ratifia tout ce que les Fortunés auoyent agi, puis apres la bien-seance obseruee les Sobarites furent renuoyés comblez de courtoisies, & accompaignez de riches presens. L'Empereur se voyāt seul auec les Fortunés, leur conta naïfuement l'estat de sa fortune amoureuse, la leur deduisant auec tant d'amertumes qu'ils en auoyent compassion, & encor plus viuement lors qu'ils l'entendoyent redire souuent ceste reprise d'Elegie,

Pauure Etherine helas! toutes graces perissent,
Car auec ta ruine elles s'enseuelissent.

F iiij

L'Empereur les pria d'employer toute leur induſtrie pour ſon ſoulagement, & ils le conſolerent, l'aſſeurans de prouuoir ſi bien à ſon affaire, qu'il en auroit du contentement: Et afin de donner luſtre à leur bel artifice, ils demanderent ſecours de temps pour conſulter enſemble, de ce qu'ils deuoyent faire, ce qu'il leur accorda, non ſans s'eſtre reſerué la liberté de les enquerir ſouuent, ſi ſes affaires amoureuſes viendroient à fruits de lieſſe: Leur conſeil eſtoit tout pris, & ne reſtoit qu'à l'effectuer: Ce qu'attendant & ſe refraiſchiſſant ces beaux eſprits frequentoient la Fontaine, que Fonſteland viſitoit de bon cœur, pour y voir ſa maiſtreſſe, à quoy ſes freres l'aſſiſtoyent comme tous trois mutuellement s'exerçoyent à l'auancement de leurs fortunes: Eſtans à la fontaine auec la Fee qui cõduiſoit les chaſtes amours de Lofnis & de Fonſteland, chacun prenoit à ſon gré parti de recreation, & ce chaſte amant ſe ſeruant du temps opportun, rendoit à ſa Dame cõte de ce qu'il auoit eſté abſent d'elle, & de quelles meditations ſon cœur s'eſtoit repeu, n'ayant pour obiet en la memoire que ſes perfections: Et ainſi glorieux de ſon preſent contentement lui baiſoit ſes belles mains qu'elle retiroit par feinte, le repouſſant mignonnement vers la bouche aymant aymee, l'humble paſſionné luy deduiſoit ſes actions eſcoulees, & elle luy diſoit: A ceſte heure que vous auez faict preuue de l'abſence, ie vous prie de me dire comment vous eſtiez, à ce que par la cognoiſſance de voſtre eſtat ie iuge du mien: car s'il eſt ainſi que ie le veux croire, que vous ayez de l'affection pour

moy, il n'y aura pas eu moyen de repos : FON-
STELAND. Madame, le plus difficile accident
qui trouble nos cœurs, est la separation du suiet
où nos ames ont arresté leur entier contentemēt,
& ie le vous dy en la mesme verité que ie la croy,
que c'est ceste seule cruelle aduanture qui m'af-
fligeoit trop incommodément absent de vous.
C'est le mal qui m'a tant & si importunément a-
gité, que presque mes plus belles pensees en e-
stoient dissipees, pource que ie n'auois que des
imaginations toutes tristes qui m'enueloppoiēt
en des tenebres trop obscures, & sans la valeur
dont vous esueillez mon courage, ie me fusse desesperé. Mais quand ceste malignité presumoit
d'esteindre ma belle esperance, le souuenir de vos
vertus si doux obiet de mes heureuses conceptions, me representoit le bien que i'ay receu, en
m'obligeant à vostre seruice, & me releuoit auec
tant de confiance, que i'effacois tout ce trouble,
par la felicité que i'ay d'estre vostre, & cōme cet
heur estoit ma consolation, ie vous supplie ma
belle pour continuer mon bien, que vous ayez
agreable que tousiours & en tous lieux il me soit
permis de croire de mesme. LOFNIS. Si ie pouuois lire en vostre cœur, ie serois plus preste de
sçauoir ce qui en est, que ie n'estois lors que vous
estiez esloigné, toutesfois ie ne sçay ce que ie doy
penser, ou si ie me doy persuader, que loing du
feu on n'est pas tant eschauffé. FONST. Ie vous
prie me faire mourir plus doucement, & ne cō-
tinuer pas en ceste triste persuasion, vous estes
le feu qui plus esloigné, m'a plus fait sentir de flā-
mes; Aussi estes vous mon vnique esperance. Il

vous a esté agreable que cela fust, ie m'asseure que vous le voulez encor: ie vous prie par ce pouuoir qui m'a rendu vostre, faire estat de ma perseuerance, en laquelle ie m'entretiendray tant que i'auray du courage; l'absence qui à mon grād desplaisir a esté trop longue, n'a rien effacé du sainct caractere de vos perfections, au contraire, redoublant le feu de mes viues affections, en a cauterisé l'impression en mon cœur, qui en est tout transmué. Ie ne me suis point obligé à vostre seruice par dessein, vn discours formé sur des entreprises temeraires ne m'a point conduit à ceste heureuse auanture: mon bon destin m'y a mené, & vos beaux yeux guides eternelles de mes pensees, m'induisans à mon bonheur, m'ōt establi ceste rencontre, par laquelle vous m'auez façonné au deuoir où vous me reduisez. Quand ie vous vy, vne force souueraine me fit sentir vne nouuelle forme s'esbaucher en mes affections, & ie fus preparé à vne nouuelle volonté, laquelle depuis s'estant multipliee, s'est transmuee en vn amour qui sera l'extreme de mes passions, & le terme de mes fortunes: i'en ay mis ma foy entre vos mains, & ie l'y mets encor, sans iamais vouloir ou pouuoir la reuoquer: Et c'est auiourd'huy que ie iuge plus parfaitement de mon courage: car l'absence qui m'a proposé quelle difference il y a de voir son Soleil, & d'estre en tenebres, a examiné mes opinions, & me faisant apprehender le mal que i'ay trop violentement ressenti, m'a fait peser mon desir, & ma douleur, & cognoistre ce qui en est. Ma belle, ie ne veux point vous representer l'estat de ma peine quand j'estois loing de vous, d'autant que vous la sçauez bien, aussi vous l'estimerez par mon affection, dont ie vous rendray tant de preuues, que le tesmoignage vous la manifestant, vous vous asseurerez que mon humble amitié n'est point vn proiect inutile pour se plaire, selon les volages fantaisies des esprits legers, mais vn effect substanciel à l'égal de la verité, laquelle sans changer continuant en mon ame, ne me fera respirer autre cõtentement que de me disposer de plus en plus au seruice que ie vous doy. La Fee les vint interrompre. A la verité les amans ne sçauent que dire & ont tant à dire que les paroles croissent en leur bouche, sans qu'ils le pensent, leurs discours coulent infiniment, pource que leur affection est sans fin, & puis ils ont tant de choses à déduire iusques à l'effect, qu'ils ne se lassent iamais d'en parler, & qu'on vienne à leur en demander, tout est qu'ils ont dilaté leur ame sur l'aër infini de leurs pensees: Ces deux resueillés de ce beau songe, car l'amour n'est autre chose d'autant qu'il ne vieillit point, & n'effectue rien, ils vindrent ouyr la Musique preparee sous la tonnelle, ce qui fut mis le premier sur le tapy estoit vn aër que Fonsteland auoit arresté sous ces paroles mesurees, lesquelles pourtant ne peuuent mesurer son affection.

Mon cœur estoit ouuert, mon ame humiliee,
  Mon esprit en priere, & mes yeux en deuoir,
   Lors que vostre beauté doucement suppliee,
  Me daigna par pitié vostre me receuoir.
Que de bonnes douceurs dedans moy s'establirent,
   Combien sentis ie en moy de consolation!
   Tout ce que les amans en leurs amours souspirent,

Pres de ces veritez ne sont que fictions.
Mais ma belle est-il vray, est-il vray que ma vie
Vous soit en quelque estime, & qu'en ayez pitié?
La saincte verité de vos leures sortie
Font foy que vous auez receu mon amitié.
Que i'ay de gloire en moy, que ma vie est contente,
Qu'vn suiet si parfait soit la loy de mon cœur,
Aussi ie vy pour vous d'vn'amour si constante,
Que tout vous me verrez de deuoir & d'ardeur.
Telle sera ma foy conduitte par ma flame,
Que des constans amans la guide elle sera,
Comme la cause en est grãde és yeux de Madame,
Le grand effet en moy tousiours en paroistra.

Ce pendant qu'ils repassoient ces accords sous l'examen de la doctrine des conuenances, voicy arriuer vn ballet de Bergers & Bergeres, accordans les instrumẽs, les pas & les voix, l'entree fut de deux pairs de Bergers & Bergeres, vn Berger triste, vne Bergere triste, vn Berger content, vne Bergere contente.

LE TRISTE.

J'aymois vne bergere
Cent fois plus que mon cœur,
Mais son ame legere
L'a faict changer d'humeur.
    C'est vn malheur extresme
    De patir sous l'amour,
    Malheureux est qui ayme
    Plus longuement qu'vn iour.

LA TRISTE.

Pauurette desolee,
J'aymois trop vn Berger,

Mais ie suis affolee,
Car son cœur est leger:
   C'est la cruauté mesme
   Que s'obliger d'amour:
   Malheureuse est qui ayme
   Seulement demy iour.

LE CONTENT.

Vne bergere belle
Est Dame de mon cœur,
D'vne ame humble & fidele
Ie luy suis seruiteur:
   La felicité mesme
   Est de viure d'amour,
   Bien-heureux est qui ayme
   Iusqu'à son dernier iour.

LA CONTENTE.

Amante bien heureuse
I'ayme bien mon berger,
De mon amour ioyeuse
Ie le veux soulager.
   La felicité mesme
   Est de viure en amours,
   C'est vn plaisir extresme
   De s'entraymer tousiours.

Ils chantoient ainsi les vns apres les autres, les tristes commencoient & les contents apres continuans de mesme.

LE TRISTE,

L'amour est vn corsaire
Abuseur de nos ans,
Il fait semblant de plaire,
Mais ses feux sont tourmens.
   C'est vn malheur,

LA TRISTE.

Nos desirs sont folie,
 Nos desseins sont erreurs,
 Malheureux qui se fie
 A si folles humeurs:
  C'est la cruauté.

LE CONTENT.

Les belles sont la vie
 De tout courage aymant,
 Leur douceur est vnie
 A tout contentement:
  La felicité.

LA CONTENTE.

Les desseins plus aymables,
 Sont ceux là des amans,
 Tousiours sont veritables
 Leurs fideles sermens:
  La felicité.

LE TRISTE.

Les ames des Bergers
 Sont vn aer deceuant,
 Et leurs amours legers
 S'euaporent au vent.
  C'est vn malheur.

LA TRISTE.

Si les Bergers nous ayment,
 C'est pour nous abuser,
 S'ils iurent ils blasphement,
 Pour nos cœurs amuser.
  C'est la cruauté.

LE CONTENT.

Le bonheur de la vie
 Est de se voir aymer,

fortunez. Entreprise I.

Et de semblable enuie
Se sentir consommer:
La felicité.

LA CONTENTE.

D'vne amour vehemente
Sans cesse i'aymeray,
Et ie seray contente
Quand aymant ie mourray:
La felicité.

Le ballet acheué & ces parties diuerses ayans dacé & chanté, tous se meslerent & passerent outre, & puis apres vn chœur de bergers & bergeres entremeslez d'vn nouuel ordre, s'aduança, & sur les mesmes accords, mais en tons dissemblables ces vers furent dits trois fois,

Soit amant ou amante
Iamais on n'a du bien,
Si on ne se contente,
On ne iouyst de rien.
Gay, gay liberté viue,
Viue l'amour aussi,
Et qui voudra le suiue
Comme on le suit ici.
L'opinion sans cesse
En nos affections
Est celle qui nous presse,
Sans autres passions.
Gay, gay liberté.

Ceste ioyeuse bãde estoit suiuie d'vn chœur parfaict de toutes sortes d'instrumens qui estoient touchez de deux sortes diuerses, l'vne, selon ce qui est cõmun, & l'autre à l'Asiatique, qui est que ceux qui n'ont pas bõne voix, mais sçauẽt bié ac-

corder, ont des cors au milieu desquels y a vne ouuerture à mettre la bouche, laquelle y estant ioin-
cte, on peut librement & naifuement prononcer
les paroles, lesquelles s'entonnent dedans le ven-
tre de l'organe, qui donne de bons & beaux sons
moyens, entre ceux des instrumens & les voix
naifues des personnes, le tout estoit accompagné
d'vne bande de Nymphes deliberees, qui d'vn
ær galand faisoient retentir ces accens

  Hommes sexe volage
   Retirez-vous d'icy,
  Nous auons le courage
  Franc d'amoureux soucy:
   La vertu nous conuie
   A plus parfaite vie.
  Nous rions de vos feintes
   Filles de legerté,
  Et ne sommes atteintes
  De telle vanité,
   Car nostre ame constante
   De l'honneur se contente
  Or allez temeraires
   Souspirer autrepart,
  Car vos cœurs volontaires
  N'ont point en nous de part,
   Vos façons importunes
   Ne sont que trop communes.
  Vous brauez d'insolence
   Foibles nous estimans,
  Mais nous auons puissance
  Dessus les cœurs aymans:
   Si nous voulions paroistre,
   Nous le ferions cognoistre.

Vos petits artifices
　Ne sont rien que du vent,
　De vos tristes seruices,
　On nous rebat souuent,
　　Mais nous auons l'addresse
　　D'en preuoir la finesse.
Vos souspirs & vos flammes
　Sont des inuentions,
　Dont vous troublez vos ames
　Par trop d'opinions:
　　Mais nous ne faisons conte
　　De vos peines de honte.
Contez donc vos folies
　Aux eaux & aux forests,
　Nos ames diuerties
　N'oyent point vos regrets,
　　Nous sommes eslancees
　　De meilleures pensees.

Ces belles se mocquoiēt de l'amour & des amās, pource que possible elles n'estoiēt pas encores capables de belles affectiōs, ou pource que quelque dépit les faisoit ainsi dire, ou qu'elles en estoient rassasiees par le bienheureux accōplissement de leurs desirs: car c'est l'ordinaire de tascher à brauer ce qui a gauchi nos entendemēs, lors que nous le pouuons, & que l'obligation est esteinte: les amans m'entendent bien. Et semble qu'il en soit comme ie le pense, parce que ces Nymphes portoient sur leurs cheueux des guirlandes de fleurs contrefaictes, à quoy se raportoit ce que chantoit le dernier chœur, qui se presēta de douze bōs & des plus parfaits musiciēs accordās selō les plus exquises pratiques de ceux qui ont remarqué la

G

perfection des tons & de leurs mutuelles conuenances, les oyans, il m'est aduis qu'ils disoient mon intention à ces belles sur ce suiet, & seulement pour ce coup.

 On recognoit assez les feintes
  Que vous cachez dedans vos cœurs,
 Sans vous parer de ces fleurs peintes
 De la couleur de vos humeurs.
 Ces fleurs sur vos cheueux volantes,
  Sont les tesmoignages constans
  Que vous estes trop plus changeantes
 Que ne sont les fleurs en tout temps.
 Ceux qui vous offrent leur seruice
  Contraints bien souuent sont menteurs,
 Puisque vous, aymez l'artifice,
 Ils se font vos imitateurs.
 Plus ne vous pleignez doncques belles,
  Quand comme vous on se feindra,
 Le plus fidele des fidelles,
 Est tel que sa Dame voudra,
 S'il vous en aduient du dommage,
  Accusez en vos legertez,
 Les feintes de vostre courage
 L'artifice de vos beautez.

Toutes ces diuersitez sans noise, sans difficulté, mais d'vn consentement, passans en ioye, estoiét tesmoignage de belles humeurs de ce beau monde, qui ne pretend qu'au contentement legitime, lequel si on rencontre, on se tient en la douce fortune que l'on a commencee, autrement on se debande souuent stimulé par le dépit, le desespoir, ou la honte. Qui est-ce qui meut infinis à laisser la conuersation des peuples, sinon le desplaisir de ne se voir honorez comme ils desirent, ou grati-

fortunez. Entreprise I. 99

fiez d'estats qu'ils pretendent, ou n'auoir entree ́é charges ambitieuses qu'ils appetēt, ou n'obtenir pas la bonne grace des Dames aymees? Que si quelqu'vn contristant la bonne fortune iouyssant à gré de tout, vient tomber és accez de ceste tranchee, ou melancholique ou diuine, nous dirons que c'est vne maladie superieure, qui l'a fait mourir au mõde, & le laisserõs suiure ses bonnes fantaisies, toutesfois quoy que ce soit on choppe à quelqu'vn des estos que nous auõs recognus. Tandis qu'on se preparoit pour se retirer, Fonstelãd prenoit ainsi cõgé de Losnis: Madame, ie suis en peine, pource que l'amour sollicite mon cœur auec des passions estrãges, biē que ie sois viuemēt persuadé, que mes deuotions vous sont agreables. Et puis cognoissant mõ peu de merite, ie bräsle en l'incertitude de pouuoir vn iour emporter le prix des fidelités qui m'exercerõt suiuãt la fortune que ie me suis proposee en vo͡ seruãt: c'est l'amour qui me fait extrauaguer. Ie rõps le cours à ces pensees, puis que mõ courage qui me preséte le fruit de la constãce, me promet que ie perseuereray en vous aymãt. Et pourtãt mõ souuerain biē est ordonné en l'estat de mes belles pensees, & mõ bonheur est establi és meditatiõs que ie fay apres la perfectiõ que i'honore. Dõc maintenu par ce bon cõtētemēt, ie cõsole mõ ame, qui autremēt deffaudroit pressee des rigueurs de l'afflictiõ qui tãtost m'oppressera quand ie ne seray plus aupres de vo͡. toutesfois ie supporte l'aigreur de ceste petite absence, pource qu'elle me donne du cõtentemēt vo͡ representant à moy plus auãtageusemēt, & ciselãt vostre pourtraict en mõ cœur auec plus de force,

G ij

Et puis eſtant à vous, & aſſeuré qu'il vous eſt agreable, ie ſuis tout cõſolé. LOFNIS. Voſtre propre fidelité vous rendra teſmoignage de tout, & de ce que ie vous deuray, pour à quoy m'obliger plus expreſſement, ie ne vous demande ſinon que vos paroles ſoient ſans ceſſe conſentantes à la verité, & ie vo⁹ tiẽdray auſſi cher que ma vie, pourueu que la vertu vous retire aux limites de voſtre denoir.

Le temps que les Fortunez auoient pris eſtoit pour auoir la cõmodité d'aduertir leurs amis qui eſtoient en l'iſle de Quilmalee, à ce que tout meurement deliberé, rien ne ſuccedaſt que ſelon leur deſſein, à quoy il ſembloit que tout ſe preparoit: Ce temps expiré, ils ſe preſenterent à l'Empereur pour luy declarer ce qu'ils vouloient executer pour ſon bien CAVALIREE. Sire, vous nous auez faict l'honneur de vous fier en nous d'affaires de grande conſequence, & concernantes voſtre vie, que nous tenons ſi chere, qu'il n'y a rien que nous ne vouluſſions tenter & hazarder pour la cõſeruer: & pource que nous voyons qu'il vous plaiſt vous rapporter à nous touchant ce dernier accident qui vous faſche, & met en telle triſteſſe, que voſtre ſanté en eſt incommodee: Nous vous conſeillons comme vos tref-humbles ſeruiteurs, que vous tenant au rang de Maieſté ſuyuant voſtre couſtume, vous dreſſiez vn equipage digne de voſtre grandeur, & que faciez vn voyage au Royaume de Nabadonce en l'hermitage d'honneur, il eſt certain ſi vous le faictes, que ſans doute vous y aurez des nouuelles d'Etherine, car elle y ſera au temps meſmes que vous vous y trouuerez. FONSTELAND. Ce qui fait que nous vous dónons ce conseil, Sire, est pour ce que dans peu de moys on commencera à ouurir le grand anniuersaire, où tous les vrays amans doiuent vn voyage, & sur tout, ceux qui depuis cinq ans ont couru des trauerses d'Amour, & là estans ils serót iugez & recompensez, d'autant qu'en ce lieu il y a remede aux amours ou par conseil, ou par proprieté. VIVARAMBE. Sire, quand vous serez là, vous oyrez vne raison d'amour qui vous plaira, & serez asseuré de ce qu'il faudra faire pour vostre desir: car il se trouue vn grand & admirable secret en la belle figure dont vous serez fort satisfaict: d'auantage vous y verrez dans l'Iris de cognoissance où a esté, où est, & sera Etherine : parquoy estant certain de ce qui sera, vous disposerez vostre cœur, & par la liqueur de benediction, vous vous rendrez content. L'Empereur leur tendit la main gracieuse, leur dit, qu'il ne vouloit autre resolution que la leur, qu'il s'estoit mis entre leurs mains, pour les croire, & mesmes leur obeyr en ce qui concernoit sa santé : Parquoy, qu'il feroit ce qu'ils auoient determiné, & donneroit ordre à tout, & ce pendant qu'ils luy aidassent & prouueussent. Tandis que l'equipage se faisoit, & qu'ó accommodoit les necessitez, ils suruindrent de terribles & dangereuses affaires, les propositions furent estrangement destournees, & y eut des dispositions de si pernicieuse consequence, que tout en desordre, & nous, & nos esperances & l'Empereur aussi, fumes en point de perir, & de ne gouster iamais le fruict de nos desseins.

G. iij.

DESSEIN VNZIESME.

Epinoyse n'y pensant point, se laissa surprendre à l'amour, pour le suiect de Caualiree, auquel elle le declare, & il s'en excuse.

LEs violens efforts d'amour fournissiēt d'inuentiós aux amās à trouuer allegemēt à leurs fantaisies, & appaiser leurs douleurs, ou biē leur donnent occasion de rechercher & aussi de trouuer les moyens de se venger des suiects qui les ont irritez, ou contre lesquels ils s'irritent. Epinoise la Fee de la Fontaine des amoureux, qui si long temps a vescu en l'honneur & reputation d'estre vnique, sage, sans que passion aucune ayt esmeu son ame desraisonnablement, receut en ce temps cy vn reuers d'amour qui fut cause de plusieurs nouuelles trauerses, & de nous faire vieillir en nos recherches. L'amour a traicté ceste Dame, & qui est-ce qui eschappe le traict de ce vif esprit qui penetre tout ? Où le Soleil peut luire, il passe des traicts d'amour, & mesmes il en glisse infinis és lieux où l'on ne cognoit point la lumiere, & où iamais les estincelles du iour n'ōt resplendy, ceste vigueur a demonstré ses effects: Epinoyse estoit assez belle pour estre desiree, d'assez bon lieu pour estre la practique d'vn bel esprit, & de trop de merites pour n'estre point recherchee. Aussi l'amour auoit par elle fait souspirer en vain tāt d'amās, qui la craignoiēt, elle qui le sçauoit biẽ (pour ce que les belles sçauẽt biẽ leurs merites quand elles sont sans passion) se mesloit de brauer l'amour, faisant gloire de triõpher des cœurs, & de resister puissamment aux forces de l'affection, & elle se tenant à l'ær pacifique de ses pensees, voyoit les affaires des autres, qui ne l'esmeuuent point: d'autant que l'effort qui examine tous autres courages passe loing d'elle. Amour indigné va se recompensant autrepart, & ne pouuant encor se vanger supporte sa honte, tant qu'il ayt la commodité de donner quelque trauerse, estant mesprisé, il baisse la teste, & se retient: mais aussi quand il trouue l'occasion de végeance, il en vse insolemment, quand il en attrape l'opportunité il s'y exaggere auec toute vehemence, & n'espargne rien. Or il auoit fait forger vn nouueau traict, & l'auoit trempé dans les douceurs de la mesme delicatesse dont couloit le suc amoureux qui glutinoit les ames de Cambile & de Caualiree: De ce traict Amour inconsiderément offença le cœur d'Epinoise, à laquelle il ne pensoit plus, & n'auoit intention de s'addresser: car le voulant essayer, il l'auoit enfoncé en intentiõ d'en alterer vne vnique beauté qui estoit toute innocente encor, & laquelle pourtant a faict souspirer le heraut de cez passions cy, & de fortune, le coup estant languissant & non soudain, la Fee passant le receut par hazard, & s'en trouua atteinte, estant en diamettre aux yeux de Caualiree: à ce coup elle est reueillee, & comme en sursaut ressent quelque nouueauté qui l'esguillonne, & cherchant ce que ce pouuoit estre, son œil aduisa Caualiree dõt la source de feu luy sail-

G iiij

lit en l'ame, & y mit tant de feux, qu'elle se trouua toute autre qu'auparauant, & toute brillante d'ardeurs qu'elle estoit, se vid interieurement toute en flamme. Elle se cōmuniqua à soy-mesmes, & consultant le Cabinet de ses fantaisies, raisonne ce qu'elle peut en cest accidēt, elle demeure quelque temps en deliberation de laisser couler ce nuage, & si arreste si fermement qu'elle s'y resout, en volonté d'arracher ce mal: toutesfois venant à le repenser, elle s'y propose vn certain beau contentement qui la flatte tant que contraincte, oubliant sa genereuse resolution, elle s'y abandonne, & comme elle auoit esté violente à s'en vouloir distraire, elle fut obstinée à s'y precipiter, se donnant vehementement en proye à l'amour. Quoy? qu'vne Princesse supplie vn estranger? Qu'vne belle tant de fois desiree de plusieurs s'offre à vn qui ne l'a point requise? qu'elle s'humilie deuant celuy qui deuroit auec crainte de n'estre exaucé, ramper deuant elle en prieres pour obtenir sa grace? il n'y a point de moyen, ceste coustume seroit nouuelle, la tache en seroit trop des-honneste, & il y pourroit aller trop au desaduantage des Dames: Ce conseil luy cause beaucoup de trouble, elle se veut distraire & faire mourir cest inique desir, auant qu'il croisse: Puis elle repense qu'il seroit impossible (veu que l'amour est equitable) qu'elle eut receu ce feu si vif en son ame d'vn œil dont la vie n'eut point d'affection pour elle, & que puis que ce mouuement l'interesse, il faut qu'il vienne de luy: C'est ainsi que les amans s'abusent pour auoir excuse de leurs extrauagances. Elle gratifie son aise d'imaginations, estimāt qu'on luy veut du bien, puis aussi tost elle se rauise & croid qu'elle se trompe, & que ce n'est pas Amour qui occupe son object; Mais en fin, esprouuant au vif les pointes qui l'inquiettent, elle s'abandonne au conquerant absolut des cœurs, & delibere si elle peut de faire amitié auec le Fortuné. Quelques iours auoyent passé depuis la premiere atteinte, mesmes ils s'estoyent entre-veus à la Fontaine, & elle plus respectueuse que de coustume, l'auoit veu d'vn œil, qui pourtant n'osoit rien declarer que par des elancemens languissans qui suppliēt. Elle qui pense deuoir estre aymee s'estonne qu'il ne lui fait quelque demonstration d'amour, veu qu'il peut auoir remarqué ses requestes oculaires, mais le malheur pour ceste amante, il n'auoit pas alors l'esprit d'intelligence amoureuse à son sujet. Il est vray que par le temps & les actions, il s'apperceut bien de l'alteration de l'ame de la Fee, qui n'auoit pas l'humeur brillante comme parauāt, estoit moins familiere en discours, plus respectueuse en conuersation, nō tant asseuree en approches, ayant l'esprit comme empesché. Elle de son costé fait les excuses de Caualiree qui ne parle gueres d'elle, & elle se veut faire croire que pourtāt il l'aime: mais qu'il ne luy ose dire, craignant de troubler son vœu de fille, si elle en a fait ainsi que parauēture il le pense. Ces petites pensées luy fournissent des ombres de contentement, mais elles s'escoulēt trop viste, & l'attirent peu s'en faut au desespoir, iugeant par l'effet, qu'il ne pense point en elle, toutesfois se flattant de son aise esperé, se remet en vn peu d'espoir, & conclud qu'il le faut reueiller. Et puis se sentant outree d'affection, se dône toute licence de prendre la voye de resolution qui s'offrira, parquoy apres plusieurs debats en son ame, s'estant souuét mutinee puis rapaisee, & enfin voulāt esprouuer ce qui lui doit auenir, se determine à renuerser l'ordre, donques prenant l'occasion de discourir auec le Fortuné, le fit aisément venir à tel propos qu'elle continua ainsi. Vous sçauez qu'il n'y a pas moyen d'eschapper, & qu'il ne se peut, que l'on ne sente quelquefois vne petite esmotion de bien-vueillance pour vn sujet de merite, i'ay autrefois pensé que ce fussent ærs friuoles, que ceux qui emportent les amans, mais ie me recognois, & me dedis des propos que i'en ay maintenus, car ie côfesse qu'il y-a veritablement vn amour qui peut sur les courages, certainement ie l'ay essayé, & en porte les impressions en mon cœur, ie ne sçay si vous vous en estes apperceu? Or quoy qu'il m'ē auienne, & que l'on me reproche mon deportement inusité en cela, ou que l'on m'accuse d'estre plus desireuse que desiree, ie franchiray pourtant le terme que ma volonté s'est resolue de passer, & respondray que ce n'est point moy qui recherche, mais bien que ie manifeste que ie suis capable d'aymer & d'estre aymee, & le dis pour autant que plusieurs pensent qu'aucunes de nous qui sommes Fees, soyōs astreintes par vœux, tellement que plusieurs qui voudroyent nous aymer, n'osent se descouurir à nous: Or il ne faut point que pour moy on ait cefte confideration, & partant fi vous auez eu quelque opinion femblable, ie vous prie la leuer à cefte heure que ie vous declare les conceptions de mon ame, vous difant que ie defire eftre autant aymee que i'ayme: Et fi voftre cœur eft capable d'amitié, ayez cefte gloire que ie vous ay prié, ie n'en fuis point honteufe, & defire en cecy diminuer ma reputation, pour m'augmenter en bien d'amour par voftre courtoifie; Penfez donques d'auoir pitié de celle qui vous foulageroit, fi vous la fuppliez, qui vous accepteroit, fi vous foufpiriez pour elle, ne fraudez point le defir de celle qui vous ouure fon fecret qui fera fecret à iamais, fi vous ne le defcouurez trop indignement.

CAVALIREE. Ma propre mifere me reduit à telle extremité, qu'il faut que ie fois tant malheureux, que ie ne puifle recognoiftre le bien que vous me faites: Ie vous prie croire que ie ne fuis ny glorieux, ny defdaigneux, ny mefcognoiffant & encor moins ingrat, vous me faites vn hōneur qui furpaffe de trop ma fortune, & f'efleue infiniment au deffus de mon efpoir. Si ce bien me fut apparu premierement, ie fuffe au fouuerain bon heur, ce qui ne peut eftre: d'autant que ie fuis obligé de foy à vne autre, que ie n'oferois tromper, encor que ie le voulufle, pour autant que ie fuis homme d'honneur, partāt Madame, fi c'eft pour fcauoir mes conceptiōs qu'il vous a pleu ainfi parler à moy, foyez contente que ie les vous ay declarees, que fi veritablement vous me defirez pour feruiteur d'amour, ie vous fupplie de m'en excufer: car ie ne puis & ne veux faire aucune meschanceté, que si i'estois si lasche de vous promettre, ie meriterois d'estre puny: d'autāt que ie ne puis legitimemēt estre à vous, il est vray qu'encor que ie sois à vne autre, si est-ce que pour la grād faueur, & hōneur qu'il vous a pleu me faire, ie seray à iamais vostre cheualier, & d'affection, en ceste sorte ie vous aymeray & seruiray fidelement & vniquement. LA FEE. C'est que vous me dedaignez que vous parlez de la façon, & mesprisez ce qui ne vous couste gueres, mais si est-ce que vous faudrez bien à trouuer vne maistresse, qui fit cas de vous comme ie feray: car ayant ce nom, l'effect, seroit en fin que ie serois vostre bonne seruante: Ie scay bien à ceste heure, que i'ay fait vne faute, de vous auoir manifesté mon courage, il falloit que ie vous fisse venir, & teinsse en langueur, adonques vous l'eussiez trouué bon, la pierre en est iettee, ainsi qu'il conuient à ceux qui ont tiré l'espee cōtre leur Roy, d'en ietter le fourreau au feu, aussi ayant commis cest erreur de vous auoir manifesté mon dommage, & comme amour m'a reduite, il faut que la premiere hōte de fille estāt perdue, ie me commette au reste de la fortune d'amour, tant que l'honneur me le permettra, & que ie sois vostre, pour estre autant aymee quAmante: CAVALIR. Il faut obeïr aux Dames & ne les irriter iamais, ie feray ce qu'il vous plaira, si vous iugez qu'il soit raisonnable, & que vous trouuiez bon d'obtenir vn cœur qui est engagé: Et puis ie pense recognoistre que ce dessein est vn beau passe-tēps que vous faignez pour vous esbatre & faire preuue de mon esprit. LA FEE, ie parle d'affection, & en verité, & le vous feray paroiftre. La departie contrainte, fut caufe que la Fee qui eut d'auantage molefté le Fortuné, le laiffa, ainfi fe feparerent-ils tous deux diuerfement ennuyez. Caualiree defcouurit cet affaire à fes freres qui pour l'euiter, haftoyēt le plus qu'ils pouuoyent le voyage de Nabadonce.

DESSEIN DOVZIESME.

Progrez de la vengeance que veut prendre Epinoyfe des Fortunez, l'Empereur perfuadé l'efcoute, & fe difpofe de fçauoir ce qui eft d'vn auertiffement qu'elle luy donne de trahifon par les Fortunez.

IL n'y a rien de tant felon, qu'vne Dame qui fe penfe eftre dedaignee, & fur tout, lors qu'elle fçait qu'elle a du merite: parquoy Epinoyfe ayāt fait tous fes efforts & les voyant inutiles, apres auoir longuement confulté à part foy, & medité tout ce qui fe pouuoit agiter fur ce fuiet, deueint prefque furieufe, tāt du depit qu'elle auoit, d'auoir honteufement recherché vn homme, que du dedain qu'elle portoit de fe cognoiftre non aymee: En cefte maligne opinion fe confeillant auec le defefpoir, le dépit & la vengeance, fe mit à oublier Amour, amitié, & tout refpect, fi qu'elle fe lança au goufre vengeur, qui lui produifit les inuentions de fe vanger de fon adversaire, & se proposa de perdre non seulement Caualiree, mais les trois freres & ruiner leur fortune, & tout ce qui les toucheroit d'amitié sans espargner Losnis, ny l'Empereur mesmes; Elle auoit opinion que l'innocéte Dame s'estoit auisee de son amour, & qu'elle en auoit destourné le Fortuné depeur, que l'espousant, elle perdit l'esperance d'estre son heritiere, car Epinoise estoit Dame de grandes terres, comme de la duché de Pragence, & autres dont venoyét les plus belles commoditez de l'Empire, & dont Losnis heriteroit, si la Fee mouroit sans enfans, d'autãt qu'elle estoit sa parente de par sa mere. Parquoy se mutinãt en son ame conspira contre soy-mesme, coniurant la perte des innocens, machinant & executant côtre eux, ce qu'elle peut: Il te faut vn peu pardonner pauurette, car tu ne scais ce que tu fais ny contre qui. En sa pernicieuse fantaisie, sans faire autre mine que de coustume, elle à son ordinaire veint voir l'Empereur, & sãs manifester aucun trait d'artifice, vsa d'vne contrefigure aux essais deceueurs de la court, s'accommodant aux ordinaires conceptions & entretiés qui l'exerçoyent, & ainsi l'ayant mignonnement consolé: comme souuent elle faisoit, coula auec son propos le progrez de ce discours, respondãt à ce qu'il lui auoit dit de la grandeur amoureuse qui le dominoit. Comment? voulez vous tousiours vous affliger sous la seruitude de ceste maligne humeur, qui vous retient aux deceptions: dont vostre ame se trouble? pretendrez vous sans cesse à vostre ruine, n'auez vous point souuenãce de ce que vous auez esté? S'il auiét que les estrangers & les vostres mesmes descouurent vostre incommodité, en quelle reputation vous auront ils, vous qu'ils ont estimé le plus sage de tous les monarques: de vous voir comme vn enfant sou-spirer honteusement pour vne petite basteleuse, & de condition abiecte, qui sous ombre d'vn petit esclat de beauté passagere, fera gloire d'auoir gourmandé le plus bel esprit du monde? pensez vous qu'elle ne sache pas bien ce que vous faites, & que ne soyez pas son ordinaire conte de risee? ne vous abusez point, croyāt qu'elle soit la Princesse de Boron: Non Empereur, il est permis de se donner quelque licence pour le plaisir de son cœur, mais il ne faut pas qu'vne ombre de cōmodité ioyeuse, efface la gloire d'vn prince magnanime. C'est le fait de ceux qui n'ōt que faire, de s'amuser aux belles vanitez de la passiō d'amour: vn grād és mains duquel tant d'ames sont recōmendees, a bien des affaires de plus grande consequēce qui le doiuēt empescher, sans qu'il faille imprudemment enueloper en des cogitatiōs indignes de ce qu'il est, releuez vostre cœur, reprenez vostre courage, afin que vous ne causiez à vostre nom vne tache qui seroit beaucoup plus difforme que iamais vostre gloire n'a esté splendide. Ceste Fee disoit bien, & s'il n'y eut rien eu de venin caché la dessous, elle faisoit paroistre vn vray conseil; mais comme tous Conseillers donnent auis aux Rois, selon leur commodité, elle l'induisoit à son intētion, & l'Empereur qui n'en sçait rien luy respond. Ma Cousine, si tu auois senti en ton cœur quelle est la viue esmotion d'vn amour fondé sur le pudique desir de la iouïssance d'vn sujet accomply, tu ne me viendrois pas tourmenter, & ne tascherois à me faire dedaigner ce qui m'est si precieux, mais ie te pardonne pour autant que tu m'aymes. LA FEE. Il est vray que ie vous ayme, & pour ce aussi (car il y va de vostre vie) ie vous representeray la difference qu'il y a de se mignarder en vne passion ingrate, ou sauourer l'excellence, de la grandeur qu'on ne doit iamais maculer : c'est vn contentement d'esprit incomprehensible, vne liesse nõ mesurable, d'aymer & estre aymé selon toutes les qualitez qu'il vous plaira, ie le veux, ie l'accorde, & est non seulement en pensee vne extreme liesse, mais aussi en effet vn souuerain bien. Si est-ce qu'il y a bien à dire, entre ceste nuagere & friuole delectation, & la solide iouïssance d'vn grand estat, & la vie : les appetits voluptueux cessent, si les commoditez temporelles perissent ; mais les solides establissemens de ce qui nous fait estre, demeurent, & les amours s'exalent, ils sont vapeurs agreables & passageres. Les estats, les biens & le viure, sont necessitez & substances fermes & arrestees, quand nous les tenons : Cela est beau, magnifique & d'estime, d'estre recognu grand, vaillant, iuste & amant ; mais il est bien plus excellent, fructueux & honorable, d'estre & se monstrer ce que l'on doit estre, magnanime, sage & viuant, pour se conseruer en sa splendeur, pour se rendre redoutable aux ennemis, & profitable aux siens : Il y a vne grande distance entre se maintenir en son deuoir, & à se laisser deceuoir sous ombre de quelques desirs insolens. Ne pensez vous point que vous vous aneantissiez vous mesme?

mesme? Ne vous diffamez-vous pas de vous outrer de melancholie pour vn si petit sujet, & de si peu de consequence, pour vne petite impudente, qui possible maintenant est à se noyer de contentements, auec plusieurs qu'elle rassasie de voluptez, se mocquât de vostre indecente captiuité d'esprit? La Fee disoit comme vray, mais elle blasphemoit côtre la beauté, l'hôneur & l'amour, & toutesfois elle remuoit l'esprit de l'Empereur, le faisant peiner extrememêt, à cause qu'il auoit de la consideration. Il est certain que quand vn cœur a receu en soy quelque venin qui l'a detraqué de son œconomie, il est susceptible de toute autre mauuaise & maligne qualité, & pourtant l'Empereur estant en ceste agonie d'incertitude, lui respondit en perplexité, Ie n'entês point vos discours, esclaircissez moy. LA FEE. Si vous les voulez entêdre, reprenez vostre esprit Royal, redeuenez hôme, & tenez pour jeu ce qui vous est serieux, touchant les passiôs d'aimer, & ores qu'il est question d'affaires serieuses pensez y: Mettez les considerations delectables pour le temps de recreation, & saisissez celles de consequence au besoin, & si vous auez l'ame capable d'entendre ce qui est de vostre bien, ie vous feray sçauoir ce qui concerne le plus cher de ce qui vous touche. L'EMPEREVR. Quand il faut vser d'vn agreable artifice, il en faut vser, mais en choses serieuses dites serieusement, expliquez vous. EPINOYSE. Es gentillesses d'esprit, ie tasche d'exceller, pour auec la beauté de l'art conduire à fin, ce que ie veux pour le plaisir, & sçay bien accommoder le temps & le sujet, mais ores qu'il y va de

H

voſtre reſte, & que ce n'eſt plus ieu, ie laiſſe les ombres de ioyeuſeté à part, ie parle à bon eſcient, & afin que tout d'vn coup ie vous iette aux affaires, dites moy, les artifices des Fortunez ne vo⁹ ſont point encor manifeſtes ? N'auez vo⁹ point apperceu qu'ils vous deçoiuent, & que vous pipans par leurs inuentions, ils vous preparent vne cheute de ſi grande conſequence, que iamais vous ne pourrez vo⁹ en releuer? Ils vous meinent comme vn lyon enchaiſné, & trafiquãs voſtre grandeur vous veulent ruiner d'eſprit & de fortune. L'EMP. Que dites vous? Ceux que vous auez inſinuez en ma grace, qui m'ont ſerui tant fidelement, deſquels l'affection m'eſt ſi cognuë: & dont recentemẽt les ſeruices paroiſſent, m'ayans conſerué la vie, me la voudroyent-ils rauir ? ceux qui ſont pour le maintien de moy-meſme, me voudroyent-ils deffaire ? à la verité, ie ne puis me perſuader qu'ils euſſent en l'ame, autres deſſeins que pour mon bien. LA FEE. Il eſt permis d'eſtre deceu au commencemẽt, lors que l'artifice precede la preud'hommie. Et puis les occaſions font ſouuent changer les courages, il y a des eſprits ainſi faits, ils s'adonnent à de grands & ſignalez deuoirs, font des ſeruices remarquables pour deceuoir plus facilement, & s'expoſent afin de ne faillir à leurs entrepriſes, ils veulent tout ou rien, & les hazards où ils s'auanturent, eſt le grand artifice, par lequel ils aſſeurent leur gibier: puis ils frapent leur coup. L'EMP. Ma mignonne voudriez vous attribuer telle deſloyauté aux Fortunés qui m'ont tant obligé? LA FEE. Ce n'eſt pas tout, qu'ils vous ayent fait du bien, il conuient pour le faire estimer tel, qu'ils perseueret, car de ruyner ce qu'on a establi, ou soustenu, est trop plus dommageable que n'a esté fructueux le premier bien: celuy qui oste la vie, fait vn mal mille fois plus grand, que la commodité de l'auoir conseruee n'est euidente: parquoy ces gens vous preparent vn dómage plus mauuais que n'a esté excellent le bien qu'ils vous ont fait: Et si vous y prenez garde vous trouuerez par les apparences de la verité, que nous auós tous esté deceus en eux. Mais laissons le passé: ou s'il est expedlant pesons le auec le futur, & voyons ce qu'ils pretendent, ce qui vous sera aisé à remarquer & iuger: aussi vous en laisseray-ie donner l'arrest apres que ie vous auray declaré ce qui en est. A dire vray, ce leur est vne grāde facilité d'affaires, d'auoir trouué vn esprit qui les croid & est abusé d'eux: A quoy ie vous supplie, tend le voyage qu'ils vous font entreprendre, & auquel vous estes resolu, que pour vous trainer en lieu où sous ombre de vetilles de neant, & de vaines consolations d'esprit, ils se rendront maistres de vostre corps, comme ils le font de vostre ame, & puis à leur gré ils s'empareront de vostre empire, qu'ils partageront ensemble, s'y establissants premierement sous vostre authorité, & se faisants donner les charges & lieutenances que vous leurs commettrés, & puis estans fortifiez ils acheueront leur tragedie, & vous foible & abatu mignardé, en ceste humeur melācholique de concupiscēce où ils vous scauront bien nourrir, afin de deuenir vos tuteurs, les laisserés faire & vous manier

H ij

comme furieux, puis ils vous passeront la plume par le bec. Que s'il vous plaist me donner vostre parole, puis que ie vous ay disposé à entendre vostre fortune, & tenir ceci secret, ie vous donneray vn auis particulier qui vous acertenera de tout. L'EMPER. vous me persuadez estrangement, & sollicitez par raisons euidentes & terribles, or bien, ie vous iure de faire comme vous dites; mais sur tout ie vous prie ne me trompez pas. LA FEE, le sang ne peut mentir, c'est ce qui m'induit principalement, & la pitié de preuoir vne si grande ruyne me fait gemir. Et ie ne sçay que ie doy proposer ou souffrir, vostre perte ou celle d'vne personne que i'ayme comme ma vie : mais quoy? il faut tousiours obuier au plus grand mal: Et il y-a beaucoup à dire d'vne branche à tout l'arbre, il faut que vostre conseruation me soit plus chere, que le plaisir de vostre fille par vostre aneantissement. Sachés que la pauure Losnis a esté seduitte par ces infideles, & est la partie qu'ils ont brassee contre vous, qui est telle que le fait auenant, l'aisné aura le tiltre d'Empereur, le second espousera vostre fille, à laquelle demeureront les biens de sa mere auec la Duché, & autres biens dont elle heritera de moy, qui seray confinee en la tour du iardin, si ie n'ay pis, & le ieune aura les isles, voyla le partage qu'ils ont fait, & si vous doutez de mon dire, ie vous feray voir le lieu d'où i'ay tout appris, & delà, pourrez remarquer vne circonstance qui vous rendra esbahi: sur l'apres midi enuiron trois heures, passez coyment par la petite galerie, par où on va de la chappelle en la chambre de Lofnis, & vous coulez vers la double muraille, où il y-a vne petite feneſtre à l'antique, qui a ſon regard ſur le iardin de plaiſir, que Lofnis a fait faire, & vous y preſentez lentement, vous verrés voſtre fille en conſeil auec le ſecond, & afin que vous puiſſiez y aller ſecrettement, voyla la clef qui ouure la petite porte d'entre les deux murailles. L'EMP. Ie mettray ordre à tout, & n'en parlez point, le temps s'approche qu'ils doiuent entrer, car ie les ay mandez.

DESSEIN TREZIESME.

Par l'artifice d'Epinoyſe l'Empereur penſe mal des Fortunés & les fait mener chacun à part és Iſles dangereuſes. Caualiree eſchapant de l'iſle des lyons, vient en celle des ſerpens où il trouue ſon frere Fonſteland.

IL n'y auoit gueres que la Fee eſtoit ſortie quand les Fortunez entrerent, auſquels l'Empereur ne teint pas grands propos, pource qu'il auoit l'entendement preoccupé & troublé: toutesfois il ne laiſſa de ſe contenir: outre il ſe fortifia en ſa mauuaiſe opinion, parce qu'ils luy parlerent de haſter ſon voyage, & en faiſoyent grande inſtance, pour ſe tirer de l'importunité d'Epinoyſe. Ces ſages Fortunez furent ſurpris à ce coup, ils n'ont pas bien preueu ny pris garde aux gestes de l'Empereur, dont l'apparēce estoit parée de feinte, à quoy ne prenant pas effet leur prudence fut deceuë. L'heure venue de l'assignation, l'Empereur ne faillit à ce qu'auoit tramé la Fee, & vid ce qu'elle luy auoit declaré, qui luy donna entiere asseurance de son dire, telle que des lors son cœur fut du tout alięné des Fortunez. A l'heure dite, Lofnis entretenoit son humble Fonsteland, qui tout content de ceste pudique faueur, recueilloit de ses yeux la douce vie qui l'animoit. La desloyale Epinoyse y estoit, mais elle s'estoit tapie sous le relays de la muraille, si que l'Empereur ne vid que sa fille auec le Fortuné, qui deuisoyent en se pourmenant vis à vis d'où estoit la Fee, laquelle souuent les auoit fait rencontrer en ce contentement en sa presence, autrement Lofnis iamais n'y eut consenti: L'Empereur tout presque hors de soy reueint en sa chambre, tant accablé de pensees qu'il n'estoit que confusion, & sur tout pour vn propos qu'il auoit ouy, & qu'Epinoyse auoit industrieusement dressé. Car ordinairement en leurs recreatiōs ils auoyent des sujets serieux, & ce iour auoit esté, qu'ils disputeroyent de l'estat des Empires, qui selon qu'ils concluoyent ne dependoyent que du hazard, qu'ils appartenoyent à ceux qui les pouuoyent auoir, ils discouroyent en se promenant si pres de la Fee, qu'elle les oyoit bien aussi, & qui souuent aux autres fois, disoit son opinion: mais pour ce coup elle faisoit semblant de les admirer, & d'attendre à dire sa pensee sur la resolution qu'ils en feroyent. Or l'Empereur reprenant ses esprits en ceste, comme iuste fureur, delibera de preuenir les Fortunés, & punir sa fille & en la cholere qui le penetroit, si la iustice dont il auoit tousiours fait estat, ne se fut presentee deuant luy, tout d'vn coup il eut assouui son ire, mais il se reteint: craignant que par son transport il ne maculast sa reputation tant celebre: La premiere douceur de son cœur, luy representoit les grands seruices que les Fortunez luy auoyent faits, les signalez offices qu'il en auoit tiré. Et l'esperance qui l'auoit fait viure en l'attente du bien proposé, & qu'il se promettoit de receuoir d'eux au recouurement d'Etherine, luy poinçonnoit l'ame, pour ne croire point que ces beaux personnages tant ieunes, & galans, fussent coulpables de telle perfidie, l'amour vouloit adoucir l'ulcere que lui auoit fait ce desplaisant raport: mais tout soudain la grandeur du deuoir, & la sagesse acquise, qu'il faut conseruer, enleuoit de sa fantaisie toutes les pensees de beautez & d'amours, luy proposant qu'il valloit mieux se resoudre à oublier ses suiets amoureux, que se laisser despoüiller d'vn Empire. Parquoy il se resolut d'eschapper, pour ne tomber par sa faute entre les mains de ceux qui perdroyent sa vie: il arresta donques en soy-mesmes: ce qu'il auoit deliberé contre sa fille & les Fortunez. Or par la coustume du païs, il ne pouuoit faire mourir sa fille, d'autant que la loy estoit, que si vne fille noble auoit failly, & qu'il y eut de l'accusation, il falloit que ses accusateurs sousteinssent à toutes armes, leur dire, & se combatissent contre vingt, & sa

H iiij

elle estoit Princesse, contre soixante & trois, & ce au bout de neuf mois. Et s'il auenoit que les deffendeurs fussent vaincus, la fille seule patissoit, & les Cheualiers estoyent bannis pour vn an. Si les deffendeurs estoyent victorieux, on leur adiugeoit le bien des accusateurs; lesquels estoyent diffamez & mis au gibet. D'auantage on ne pouuoit punir de mort vn estranger pour quelque crime qu'il eut commis, excepté larcin, s'il n'y auoit sept tesmoins contre luy: L'Empereur y ayant bien pensé, & ne se voulant scandaliser, mit sagement ordre à ce qu'il voulut faire. En diligence il choisit vingt Gentils-hommes, ausquels il commanda de faire ce qu'il leur commanderoit. Et donnant charge au grand Escuyer de les conduire en cet affaire, luy fit exprés commandement d'executer sa volonté sur les Fortunés, telle qu'il luy exposa. Eux qui ne scauent si c'est pour les esprouuer ou à bon escient, ne font point d'inquisition, & ne se proposent que l'obeissance. Ce grand Escuyer estoit celuy qui tousiours venoit vers les Fortunez, quand l'Empereur les demandoit extraordinairement, & veint à eux leur dire, que tout aussi tost il falloit partir pour aller en vne expedition, à laquelle l'Empereur les vouloit employer contre les Foullamets, où il estoit suruenue vne sedition, les voyla aussi tost prests, si qu'en diligence ils vindrent au haure & s'embarquerent. Quand ils furent en pleine mer, les gens de l'Empereur se saisirent de leurs personnes, & les separerent, leur disans

fortunez. Entreprise I. 121

que telle estoit la volonté de sa Maiesté qui leur donnoit la vie, s'ils la pouuoient conseruer. Ils eurent beau demander & dire, il n'y auoit point d'oreilles pour les ouyr : la force les emporta absolument. Ces gens furent long temps à roder sur la mer, exprés pour leur faire croire qu'ils estoient fort loin. Ils aborderent en l'isle des lyõs, où ils firent descendre Caualiree, lequel ayant esté mis à terre, ils prierent de les excuser, & luy enuoyerent son espee par vn matelot, & s'en allerent. Il pria qu'il vid ses freres, mais pour neāt, d'autant que le vouloir de l'Empereur estoit au contraire. De là, ils donnerent en l'Isle des serpens, où de mesme façon ils logerent Fonsteland. Et apres de pareille sorte ils firent descendre Viuarambe en l'isle deserte. Les ayans separez de la façon, ils retournerent à l'Empereur l'acertener de ce qu'ils auoient faict: apres quoy, sans la vouloir voir, il enuoya Lofnis en la Tour determinée, qui est au milieu de l'estang malheureux, qui est ainsi nommé, à cause que l'eau en est toute chaude, & dit-on que c'est à cause qu'il y demeure vn serpent qui vomit le feu, & se nourrit de ceste eau: tout autour cest estāg sont les iardins Royaux, ausquels on ne peut entrer que par vne auenuë, où il y trois portes gardees, à la premiere il y a sept gendarmes tousiours veillans, à la seconde quatorze aussi veillans & vaillans, & à la troisiesme, il y en a vingt & vn veillans vaillāts & determinez, qui ne cognoissent que leurs capitaines & l'Empereur. Ceste execution faicte, l'Empereur pensant auoir trouué quelque repos, se trouua en dauantage d'inquietude que parauant: toutesfois voulant que sa valeur fust plus recognuë que sa passion, fit publier par tout qu'il auoit exilé les Fortunez pour quelque secrette entreprise qu'ils auoient machinee. Les Fortunez separez lamenteront en leur fortune tant que ils pourront. Caualiree ne fut pas si tost en l'isle des Lyons, qu'il en vid venir deux qui pourtant trauerserent, dont il demeura estonné: Il est vray qu'il auoit plus d'asseurance que de force, & ce qui luy seruit sur tout, fut qu'il cognoissoit la Lyonnee, herbe qui a telle vertu entre ses autres proprietez, que si le Lyon la treuue & sent, & qu'il n'y ayt aucun homme en ce lieu là, il s'en delectera infiniment, & se veautrera dessus, demenant grand ioye. Que s'il y a quelque personne là aupres, ou qui en ayt sur soy, il aduiendra par vne antipatie & secrette puissance contraire, que le Lyon s'espouuantera & la fuyra comme la mort & s'en reculera de plus de six toises: ceste plante est vne espece de lunaire dont la fueille est decoupee, vermeille & en ouale, aucuns ont adnancé qu'elle auoit la figure de creste de coq, & de là est sortie la flouette opinion que l'on a de la crainte du Lyon par la presence du coq, Caualiree accueillit de ceste herbe & s'alla loger sous vn grand chesne creux, qui depuis fut sa demeure, tant qu'il fut en ce pays là où il viuoit de racines, se proumenant par l'isle pour trouuer moyen de s'en retirer par art ou par fortune. En ceste occupation il aduisa au clair du iour qu'il y auoit de la terre non trop loing, & estimant que ce fust le continent, il assembla le mieux qu'il peust des pieces d'arbres, des escorces & de la mousse, &

auec des ofiers & fions de faules fe fit vn petit vaiffeau, fur lequel il fe hazarda, & l'effayant peu à peu, s'y accouftuma fi bien, qu'auec le temps il alloit affez loing & reuenoit, à la fin il s'y addextra auec tant de defir d'efchapper, qu'il vogua iufques à la terre qu'il auoit defcouuerte, & vint aborder en vn lieu qui auoit apparece d'vn petit port frequenté, il y prit terre, & comme il vouloit s'affeurer, choififlant où il tireroit, il apperceut vn homme qui auoit vne efpee, il fe tint ferme, & fe faifit de la fienne pour fe deffendre, s'il en eftoit befoin: l'autre approchant & s'eftãt vn peu arrefté ietta bas fon efpee, & vint à bras eftendus fe lancer vers luy, & il recognut que c'eftoit fon frere Fonfteland. Ceux à qui femblable aduanture aduiendroit, pourroient iuger de leur aife en cefte rẽcontre nõ premeditee, tãt defiree, & fi peu efperee. Fonfteland raconta à fon frere qu'ils eftoient en l'ifle des ferpens, où habitoit la fage Batuliree, qui auoit tellement par fon fçauoir rompu le venin des ferpens, qu'ils ne leur eftoient point nuifibles, ils fe raconterent comme les gens de l'Empereur les auoient traictez fans occafion, & ne fçauoient qu'eftoit deuenu leur frere qu'ils regretteront tandis qu'il foufpire pour eux. Fonfteland raconta à fon frere que eftant expofé en cefte ifle, s'abandonnant aux dangers & à la fortune, allant fans deffein, il vid vne fille fort belle, qui l'ayant apperceu s'enfuyt, & il la fuyuit de loing efpiant fes pas, qu'il continua tant qu'il arriua où il trouua la vieille Dame pres la Fontaine, qu'il falua, & elle le voyant feul l'interrogea de fon eftre, & de fa fortune, dont il luy declara ce qu'il voulut: elle en eut pitié, le consola, & receut en sa maison, que aucun n'auoit encor descouuerte, pource que peu s'arrestoient en ceste isle, & ceux qui y abordoient y moüilloient seulement l'ancre, puis s'ē alloient sans entrer plus auant. Ces freres receus de la Dame, alloient souuent vers le havre. Et Caualiree, dict à son frere que c'estoit le conseil de la Dame qui l'auoit aduisé, que quelquefois il y passoit des Orientaux qui venoient querir des serpens pour faire le Theriaque. Tandis qu'ils furent là, Batuliree leur fit bonne chere de ce qu'elle auoit, & leur donnoit du pain fait d'vne racine qui croist pres sa maison. Ceste racine est la vraye Ermesie, d'autant qu'outre ce qu'elle faict que ceux qui en mangent engendrēt des enfans beaux & genereux, ils sont euxmesmes en santé, & en espece de gloire heroyque. Ces grands Philosophes qui l'ont voulu imiter, faisoient vne composition de noyaux de pin, de noix broyees auec miel, myrrhe, safran & vin de palme ou bon vin auquel les dastes ont laissé leur vertu, faisant vser de ceste cōposition auec du laict, ce qui les auoit induicts à ceste mixtion estoit le goust diuers de ceste plante, de laquelle on tiroit plusieurs sortes de viandes en la preparant. La Dame auoit vne fille belle & accomplie en toutes sortes, c'est la prudente Carinthee qui le plus souuent ne bougeoit de sa chambre à mediter sur les excellences de l'vniuers, dont le racourcy se trouuoit en son cabinet par vn artifice admirable. La fille que Caualiree auoit veuë à son arriuee en l'isle estoit sa seruante, qui estoit allée cueillir la fleur de frāboise pour en tirer la liqueur d'incorruption. Les deux Fortunez apprirent auec la mere & la fille plusieurs sciences notables, qui leur seruiront en temps & lieu. Cependant ils attendent qu'il suruienne quelque vaisseau qui les enleue de là pour suiure meilleures destinees.

DESSEIN QVATORZIESME.

Viuarambe en l'isle deserte trouue la lentille rassasiante. Là il arriue vn vaisseau, dont ceux de dedans le cogneurent, il s'embarque auec eux, & tous arriuent en l'isle des serpens, où les freres se rencontrerent chez Batuliree.

VIVARAMBE ayāt esté exposé cõme ses freres, & laissé en l'isle deserte ne sçauoit quelle resolution prendre. Ce fut à luy à chercher en son bel entendement ce qu'il pourra pour se tirer de la peine où il estoit, ou s'accommoder en ce desert, auquel il n'y a aucuns animaux, mesmes les arbres qui y croissent se petrifient en deux ans, qui est apres qu'ils ont porté fleur, par ainsi il n'y a point de fruict que par grand hazard, les racines n'ont point de suc, les herbes sont sans liqueur, & n'y a eau bonne que celle d'vne fontaine, sur laquelle nage vne lentille qui est d'vne exquise vertu, c'est que si on en mange vn grain on est rassasié pour vingtquatre heures, autant que si on auoit vsé suffisamment de bonnes viandes, duquel secret Viuarambe s'aduisa par rencontre. Ayant soif il voulut boire vn bon coup, & print de l'eau au creux de son chapeau renfoncé, il y demeura quelques vns de ces grains dont il laissa couler vn auec l'eau en beuuant, & presques aussi tost il se trouua non seulement desalteré, mais rassasié, & sans aucun appetit. En ceste affaire, il eut crainte d'auoir trouué quelque venin, dont le soudain poison l'eut penetré, mais le lendemain se trouuant dispost & sain, & en estat de disner, s'il eust eu dequoy: il retourna à la fontaine, & print vn grain, dont il se trouua tout substanté, ce qui luy fut vne grande consolation, soulagement & esperance: mais quoy? il tournoyoit l'isle, & se trouuoit Seigneur absolut, mais il n'auoit à qui commander, & ne pouuoit s'aduiser d'artifice, par lequel il se peust deliurer. Durant ces pensemens soit de lassitude où de desplaisir & tristesse, il se ietta sous vn arbre petrifié, sous lequel au chaud du jour il se mettoit volontiers, & s'endormit profondement: à cest instant il arriua vn vaisseau, dont sortirent plusieurs personnes pour se recreer, car ils auoient couru fortune sept iours entiers, & ayans decouuert terre, auoient icy mouillé l'ancre. Vne Demoiselle de la troupe s'estant vn peu esloignee pour se proumener sans auoir pensé aucune de faire rencontre, car on l'auoit asseuree qu'il n'y auoit là bestes ny gens, allant, & venant, & considerant en bas les herbes qui estoient estrangement transmuees en froides pierres de diuerses sortes, & proportions, pasfa tant auant, qu'elle vint où Viuarambe eſtoit couché: l'ayant veu de premiere opinion, cuida que ce fuſt quelqu'vn de ſa compagnie qui euſt eu le meſme deſir qu'elle, & qui ſe fuſt repoſé là : mais regardant plus attentiuement vid qu'elle ſe trompoit: & toutesfois luy fut aduis, qu'elle cognoiſſoit ceſt habit (d'autant que les Fortunés ne changeoient point la façon, ny la couleur, ny l'ordre, ny valleur de l'eſtoffe de leurs habits) & qu'elle l'auoit veu. Donc elle s'en approcha plus curieuſement, & reconneut Viuarambe, dequoy elle fut fort eſmerueillee, & ſe tourna promptement, & le vint dire aux autres. Les matelots ſe moquoient d'elle, elle inſiſtoit: partant il y en eut qui la ſuiuirent, & vindrent où eſtoit le Fortuné, qui au bruict s'eſueilla, ſurpris en toutes façons, & eſtonné de voir ineſperement tant de perſonnes, dont auſſi toſt il recognut la pluſpart, qui eſtoient de ſes amis & cognoiſſance : ce qui luy fut vn commencement de ſouuerain bien, & ſur tout voyant deuant ſoy vne des filles d'honneur de la Royne de Sobare : à ceſte recognoiſſance ils adiouſterent les fortunes, qui les auoient là addreſſees. Viuarambe deſguiſant la ſienne, pource qu'il ne vouloit rien imputer à l'Empereur de Glindicee, leur dict, qu'apres vn grand naufrage, il s'eſtoit miraculeuſement trouué en ceſte iſle. Ce vaiſſeau où eſtoient tant d'amis apartenoit à la Royne de Sobare, auquel eſtoit ſon premier medecin, qui depuis le depart des Fortunez auoit eſpouſé ceſte fille d'honneur de la Royne,

& pour luy donner du plaisir, l'ameneroit auec luy au voyage de l'isle des serpens où il en alloit chercher pour faire le theriaque, & amenoit aussi auec luy six des plus belles & chastes Demoiselles du pays, lesquelles preparoiēt les chairs de vipe res aux iours de leur pureté. Quand il fallut leuer l'ancre, Viuarābe entra au vaisseau, empórtāt auec soy quelque quantité de la lentille viuifique. Puis le nauire commis au vent suiuit sa route, & print terre fort heureusement en l'isle des serpens. Au temps de ceste arriuee, les deux Fortunez venoiēt de se proumener, & donnoient vn tour vers le port pour descouurir quelques nouuelles, & ils virent ceste nef à bord & plusieurs personnes de sorte venir à terre, & faisans tirer des hardes, mesmes desia des ouuriers qui plantoient des paux pour dresser des tentes : ce qu'ayans veu, ils delibererēt d'espier vn peu les actiōs de ces gens là, & se tindrēt en lieu couuert pour les descouurir, les ayans attentiuement considerez, il leur fut aduis qu'ils auoient autrefois veu celuy qui commandoit, mais ils ne le remarquoient point assez, que voicy qu'ils aduiserent vn ieune Gentilhomme bien gay qui menoit vne ieune Dame : & cōme diligēmēt ils l'espluchoiēt auec la veue, ils virent qu'il estoit vestu comme eux ; il leur cheut sur le cœur que c'estoit leur frere, incontinant apres ils recogneurēt le Medecin de Sobare, lequel ne sçachant qu'il y eust aucun en l'isle, estoit sorti pour asseurer la troupe, & faire la preparation contre l'incursion des serpens. Les Fortunez ne furent point deceus de leur pensee, car ils auoient bien

remarqué

fortunez. Entreprife I.

remarqué tout ce qu'ils auoient veu. Que ferons nous? que dirons-nous? empefcherions nous leur contentement? deftournerions nous la ioye de leur cœur? cefte lieffe future fera-elle perceptible à d'autres ames? Il n'y a pas moyen de les retenir d'auantage, ils fe leuent de leur guette, & s'en viennent droict à cefte troupe affeurée. Ceux qui oüyrent le bruit que les Fortunés faifoient en s'approchant, s'eftonnerent, & mirent les autres en alarme, lefquels auoient crainte que quelque grand ferpent les vint attaquer: Viuarambé eut l'oreille prompte, & l'œil foudain, & aduifant ceux qui venoient, en recogneut l'habit: parquoy il va droict à eux, il fremit, le cœur luy faute, il cuide voir fes freres & il eft vray, il s'aduance, ils fe haftent, il fe defpefche, ils s'efforcent d'approcher, & chacun porté de mefme intention, ils font rencõtre: Ce que les autres voyans s'efmerueillent, les freres s'entr'embraffent, & auec telle lieffe, qu'il n'y a point de plaifir extreme qui ne femble eftre fimplement vne douce figure de ceftuy-cy. Les Dames & tous les affiftans furent trefioyeux de cefte rencontre, fi que le refte du iour en fut paffé en alegreffe, & difcours des fortunes paffees. Eftãs ainfi affemblez comme par vne fpeciale prouidẽce, les Fortunés firent entendre au medecin ce qu'ils auoient recogneu de ce lieu, & vindrent enfemble faluer la fage Batuliree, qui les receut auec tefmoignage de contentement, elle cognoiffoit le perfonnage, & voyoit plufieurs de fes bonnes cognoiffances. Or elle eftoit de Sobare, & affez proche parente de la Royne qui

I

estoit ennuyee de son absence: & de faict, on ne la pensoit pas là, car quand elle partit, elle feignit aller en Nabadonce pour voir l'hermitage d'honneur, au lieu dequoy elle auoit esleu ce lieu qui iadis auoit esté bien habité; mesmes de ses ayeux, qui en estoient Seigneurs, mais l'isle fut depeuplee par vne peur qu'eurent les habitans pour la generale assemblee des serpens qui s'y fit, l'an de la conionction des 4. planettes. La raison pour laquelle ceste Dame s'arresta icy fut, que outre que c'estoit son bien, le desir qu'elle auoit d'attraper le Basilique qui s'y trouue, & notamment en l'assemblee generale, elle scauoit le moyen qu'il falloit tenir pour se preseruer, & pour prendre des serpens, à quoy elle auoit aussi instruit sa fille, & auec ceste industrie elles attendoient l'heure oportune, patientant iusques à la rencontre desiree. Batuliree fournit au medecin tout ce dont il auoit affaire, & tandis qu'ils furent ensemble luy communica force beaux & signalez secrets.

DESSEIN QVINZIESME.

Amours de Beleador & Carinthee sous l'ombre de ce nom Ierotermia. Prier d'amour sans estre refusé. Discretion.

EN ceste mesme saison, & que toute ceste cõpagnie estoit resolue au plaisir present, & ceux de Sobare auec les Fortunés desireux de partir au pluftost: les affaires du medecin estans succedées heureusement & plus briefuement qu'ils ne pensoient, il aduint & par hazard non souuent aduenant, que la Remore ayant frayé vint s'affraper au Nauire de Sobare, où elle sapa ses petits, qui retindrent si bien le vaisseau, qu'il ne fut pas possible de demarer, que tout ce malin poisson ne fut escoulé, parquoy pour attendre le tēps auec plaisir ayant faict estat de seiourner, ce qui fut agreable à la sage Batuliree & à sa fille, chacun se delibera de se donner suiect de passer le temps auec honneur & liesse d'esprit. Ce retardement fut cause des aduantures amoureuses de Beleador lequel s'estoit mis en la compagnie des Dames, pour voir les merueilles des serpens, y estant excité par sa propre curiosité és suiects excellents. Il n'y auoit pas long temps qu'il auoit esté en l'hermitage d'honneur, où il auoit recognu les raretez du lieu: Et comme chacun pense qu'il sera l'vnique rencontrant en sa recherche, ayant veu ce tiltre d'or IEROTERMIA, il imprima en son courage l'opinion d'en trouuer le suiet qui luy seroit fauorable, & ce nom luy estant demeuré au cœur pour n'en estre iamais effacé, il se resolut d'errer tant qu'il eut rencontré cest obiet vnique entre les accomplis, lequel il deuoit honorer faisant seruice à la belle de son cœur, qui s'est trouuee estre la sage Carinthee, fille de la prudēte Batuliree: Ceste belle toute anciēne en sa premiere fleur de ieunesse, paroist parfaite en vertus, gracieuse en conuersation, agreable en rencontre, & recommendable en estime. Cependant que les Fortunez se consolent & conseillent ensemble, & entretiennent les Dames de leur cognoissance, que le bon Docteur s'arraisonne auec la bonne femme, & que chacun suit son but agreable. Beleador ne perd point temps, car recognoissant en la belle Carinthee le terme d'honneur que ses pensees luy proposent, se resolut de luy offrir son seruice, ils s'estoient autresfois veus en Sobare, ce fut ce qui luy donna opportunité de familier abord, & ceste familiarité fut cause que l'amour qui n'est point suiet au temps, forma dãs les yeux de la Belle les traicts heureux qui obligerent Beleador à ce seruice agreable, auquel il determina sa vie. Aussi bien vous faut-il attendre que le temps permette de nous donner à la mer pour nous tirer d'ici: ce qu'attendant, nous aurons, peut estre, plaisir de voir cest amant souspirer auec la douceur dont les accents resonnent en tous les accords que nous assemblons. Cest amant non encor Amant, mais preparant son ame à si beau soin, voyoit sa vie luy estre mignonnement communiquee des yeux de Carinthee, dont decoule sa fœlicité, mais il ne sçauoit s'il auroit l'asseurãce d'offrir son seruice à ceste belle, parce que l'occasion ne s'en presentoit pas, pource que la sagesse de la belle faisoit paroistre tant de Maiesté & d'austere benignité que difficilement on eut pensé qu'elle eut eu agreable le discours d'amour, encore qu'elle en fist naistre les principes : toutesfois ayant pris vn petit limbe du bandeau du Prince des amans, il s'en couurit les yeux, & s'aduança au hazard de sa bien-heureuse fortune. Prenant la main de Carinthee, il la baisa, & elle cõme le trouuant mauuais, la retira, mais ce fut apres, car quoy que ce foit, les belles font toufiours bien aifes que l'on leur face ceft hommage, encore qu'elles facent femblant de le reietter, à quoy elles ne penfent point, ains à ftimuler à frequent honneur leurs tenanciers. Pour cefte façon il luy dit Mademoifelle, vous ne me deuriez pas faire ce tort, en m'empefchant ce bien qui eft de vous rendre deuoir de tref-humble feruiteur. CARINTHEE. Il n'y a point de feruiteur fans maiftreffe. BEL. Il eft vray, auffi eftes vous ma maiftreffe, s'il vo° plaift. Et à fin que cela foit, & que ie vous conquefte autant valeureufement, que i'ay defir de vous feruir fidellement: Ie vous prieray d'amour, & ne m'en oferiez refufer. S'il vous en plaift faire preuue, & que me refufiez, ie perdray vne difcretion. CARIN. Ie croy que les hommes font difcrets, parquoy fi vous perdiez voftre difcretion, vous y auriez dommage. & fi i'eftois voftre maiftreffe, ie ne vous defirerois pas telle perte, au contraire, ie vous en fouhaitterois la conferuation. BELEAD. Cefte repartie me fait efperer que ie n'auray pas la difcretion, & partant, que ie feray receu à voftre feruice, par vne voye non commune: Car ie vous prieray fans crainte de refus. CARINT. Et fi ie vous refufe que fera ce? BEL. Mon vnique bien, lequel quand mefme vous voudriez me refufer à la condition que ie le requereray, vous ne voudriez me le nier. CARINT. Voyons donc comment, & fi ie perds la difcretion, ie la payeray, car ie fçay fort bien qu'il n'y a rien qui m'empefche de vous refufer, fi i'en ay enuie, d'autant qu'il m'eft aduis que ie me fçay refoudre à ce que ie veux. BELEADOR. Ma Demoifelle, mon ame est tant deuotement affectionnee à vostre seruice, qu'elle ne peut addresser ses vœux qu'à vous seule que i'honore & ayme de tout mõ cœur, & pource que l'amitié se doit recompenser par l'amour mesmes: ie vous prie me gratifier absolument de vostre amour, pour m'en donner parfaite iouyssance: Et s'il vous est agreable, s'il vous plaist, & si vous desirez que cela soit, & que vous vouliez m'aymer d'amour, refusez moy la requeste que ie vo᷑ en fay. CARINTHEE. Si ie vous refuse ie vous accepteray, & si ie ne vous refuse point, vous n'aurez pas de part en moy: qu'élirez vous plustost? BELEAD. Ie desire payer la discretiõ à ce que vous estant redeuable ie tienne de vous, & que m'acquitant ie vous rende hõmage pour receuoir le bien qui m'en escherra. CARINTEE. Pour vous faire paroistre que ie ne veux pas respondre pour vous donner du dommage, ny pour estre occasion de vostre bien, à cause que ie ne sçay pas les euenemēs qui sont ordonnez du Ciel, pource que ie ne puis faire eslection de ce qui vo᷑ est propre. Ie vous remets à quand vous m'aurez fait paroistre ce que vous auez en l'ame, & lors ie sçauray si ie suis capable de resoudre la propositiõ que vous me faictes. Ces petits ieux durerent tãt que la compagnie se debanda, & que chacun se retira à sa retraicte. C'est vne pointe si viue que celle de l'amour, qu'elle resueille incessamment ceux qui sont reduits sous la puissance de ceste force, qui n'espargne rien. Cet amant espoinçonné de ses pudiques ardeurs, print occasion de reduire ses passions sous ces accents.

Animé du desir qui m'a l'ame eslancee,
　　Ie vous viens rechercher pour vous rendre mes vœux,
　　Ia mais si beau desir ne toucha ma pensee,
　　Ie ne fus allumé iamais de si beaux feux.
Non, ie ne pense pas qu'en l'amoureux seruage
　　On puisse rencontrer d'autre felicité :
　　Aussi vous iugerez cognoissant mon courage,
　　Qu'il n'est rien de pareil à ma fidelité.
Faictes que vos beaux yeux enflamment toutes ames,
　　Belle vous le pourrez à lors qu'il vous plaira,
　　Puis apres aduisez quelles seront nos flames,
　　Vous verrez que mon feu tout autre passera.
Les discours passagers de ces langues bien faictes
　　Qui vous offrent leurs cœurs, ne sont que vanitez,
　　Mais mon propos vni à mes flames secrettes,
　　Portent sur chaque mot autant de veritez.
Ie sçay bien il est vray que ie suis incapable
　　De rendre à vos beautez le deuoir merité :
　　Mais la perfection qui me rend excusable,
　　Est, Belle qu'il vous plaist de m'auoir accepté.
Si ie commets erreur & si ce m'est audace
　　De suiure ce dessein qui m'esleue le cœur,
　　Il n'y paroistra pas, car vostre belle grace
　　Destourne les deffaults de vostre seruiteur.
Possible direz vous, Monarque de ma vie,
　　Quel bien me reuient il que vous soyez à moy ?
　　C'est la felicité d'vne belle accomplie
　　Se ioüant de tous cœurs d'en auoir vn à soy.
Doncq possedez mon cœur pour en tirer seruice,
　　Et cognoistre vne foy pleine d'affections,
　　Faictes qu'en vous seruant glorieux i'accomplisse
　　Les effets destinez á vos perfections.

Vne fois qu'ils estoient en propos ils se mirent

à discourir des rencontres du Calendrier, & cõme à chaque iour il y a vn nom, selon lequel si on rencontre celuy d'vne personne, & ne sçachant le iour de sa natiuité, on propose la feste de naissance à ce iour là: parquoy pour trouuer occasion de bien faire, il luy demanda son propre nom. Elle luy faignit luy en disant vn autre, en quoy il pouuoit estre aisément deceu, car les nõs que nous donnons aux Dames, sont des Seigneuries ou epithetes, ainsi son vray nom n'estoit pas vulgairement cogneu, parquoy elle l'abusa, mais comme il eut bien remué en son cœur pour en auoir souuenance, l'ayant ouy nommer estant petite, du nom sous lequel elle auoit esté caracterisée entre les Chrestiens, il s'en aduisa, & sur ceste difficulté, il se pleignit & consola, ainsi faisant entendre en ces souspirs qu'il cognoissoit ce beau nom,

I'essaye vne fortune autant auantureuse
  Que iamais cheualier eut desir de tenter,
  Et la fin en sera si belle & glorieuse,
  Que tous parfaits amans me viendront imiter.
Mais obiet bien-heureux où mon destin m'attire,
  Ne me brassez vº point quelque fascheux destour?
  Auriez-vous point voulu à cest effet m'induire
  Pour me faire sentir les malices d'amour?
Non, vous ne voudriez pas abuser l'innocence
  D'vn qui deuant vos yeux ne se peut desguiser,
  Et toutesfois i'ay veu ceste douce apparence
  Dont vous auez tasché ma pensee abuser.
Mais pourquoy vouliez vous destourner de mõ ame
  Ce beau nom reueré qui est le nom d'aymer?
  Belle, ie suis touché d'vne si viue flame,
  Qu'alumé par vos yeux i'appris à vous nommer.

Il n'y a plus moyen que i'aye cognoissance
D'autre nõ que du vostre, engravé dans mõ cœur,
Aussi ie ne sçaurois rendre d'obeissance
Qu'a l'unique beauté dont ie suis serviteur.
Voicy le but heureux des belles esperances,
Dont ie faisois estat pour vivre heureusement,
Voicy le beau destin des bonnes influences,
Qui guidoyent mes desirs au beau contentement.
Que mon cœur satisfait se prepare de gloire,
A servir dignement vostre digne beauté,
I'y seray tant parfait, que ie vous feray croire
Ma Belle que ie suis tout de fidelité.

Que c'est vne condition accompaignee de prõ-
ptitudes que celle des Amans, qui sans cesse sont
en action, faisans autant de desseins, qu'il se passe de fantaisies en leurs opinions, lesquelles
ils croyent veritables. Et puis ils tiennent
pour certain ce qu'ils imaginent, & comme ils
le meditent ils le supposent: d'auantage ils voudroyent incessamment se pouuoir manifester.
S'il estoit en la puissance des fideles, de faire voir
ce qui est escrit sur leur cœur, i'ouurirois le miẽ
deuant ma maistresse, il luy sera assez apparent,
quand elle auisera ce qu'elle sçait bien, & qu'elle
aura la patience d'escouter.

Pardonnez ie vous prie à mon impatience
Iugeant de la grandeur de mes affections,
Quãd vous m'eustes reduit, sous vostre obeissãce,
I'eu le cœur plein de feux, l'ame de passions.
Qui pourroit estre à vous sans sentir les atteintes
Des traits tous enflammez d'un amour vehemẽt?
Si les flames d'amour estoyent toutes esteintes,
Vos beaux yeux les feroyẽt reuiure en vn momẽt.

La vie dedans nous par les effets se monstre
  Car l'ame incessamment agite son sujet,
  Aussi lors que l'amour vn courage rencontre,
  Sans cesser il le rend esmeu pour son obiet.
Donques vous honorant vnique à ma pensee,
  D'vn heureux mouuement mon cœur est agité,
  Esleuee en desirs mon ame est eslancee,
  Par les pointes qu'amour fait de vostre beauté.
Que ie suis satisfait d'auoir ce grand courage
  Qui me rend le deuot de vos perfections,
  Je tien ceste auanture à si grand auantage,
  Que ie ne fays estat d'autres occasions.
Ainsi qu'à tous momens ma passion me presse
  Des violens efforts de mon contentement,
  Benissant le destin qui vous fit ma maistresse
  Ie m'estime à bon droit heureux absoluement.
Voila de quels discours ma vie ie console,
  Attendant que l'effait vous demonstre mõ cœur,
  Tout ce qu'õ dit Amour n'est que vẽt & parole,
  Au pris des passions de ma fidelle ardeur.

Beleador deuisant auec Carinthee, des sujets que l'amour fait naistre inopinémẽt, voicy compaignie plus ample qui suruieint, & chacun des presens mit en auant ce qui luy pleut & puis à l'ordinaire, s'il y a quelque Belle qui esclate en perfections, elle sera le but où chacun s'addressera, tellement que tous les gentilshommes s'arrestoyent à Carinthee pour louër ses merites. Quelqu'vn assez auantageux luy prit la main, & donna sur vne bague en deuise, & luy dit, Belle, est-ce vostre seruiteur qui vous a fait present de cecy? Ouy, dit-elle, il me l'a enuoyé en tesmoignage de sa fidelité. Ceste response

fortunez. Entreprise I. 139

qui ne faisoit que battre l'air, que la Belle n'auoit prononcee que pour satisfaire à l'inutile demande du gentilhomme, alla auec vigueur de violence extreme, penetrer le cœur de Beleador, qui des ce moment eut l'ame en alarme, & bien que plusieurs beaux deuis fussent exagerez, & que luy-mesme cachant son vlcere en auança de galans, si est-ce que son esprit estoit incommodé, se troublant de trop de douleurs immoderees: ce qu'il sentit mieux, quand il fut à part soy: aussi s'en deschargea-il, par cet ær qu'il fit ouir à Carinthee, auec sa resolution s'estant consolé.

Vn autre donc seroit auoué de ma, Belle,
 Emportant deuant moy l'honneur que ie pretēs?
 C'est abus de vouloir se demonstrer fidelle
 Puis qu'en seruant on perd le bō heur & le tēps.
Oublions tous nos feux, puis que les belles Dames
 Font gloire d'accepter tout ce qui vient s'offrir;
 Il ne faut plus auoir au cœur de viues flames,
 Pour des sujets ingrats il ne faut plus souffrir.
Mais quelle humeur fascheuse emporte mō courage
 Quel sinistre dessein m'incite à blasphemer,
 Belle pardonnez moy, i'aurois trop de dōmage
 De penser seulement à ne plus vous aymer.
Mettez tout sur l'amour pere de ialousie,
 Qui vlcere les cœurs par l'ombre seulement,
 L'ame qui est d'amour estroitement saisie,
 Pense que tout s'oppose à son contentement.
Si ie n'auois pour vous l'ame d'amour atteinte,
 Vos propos me seroyent d'effect indifferent,
 Mais estant animé de passion non feinte,
 Ce qui peut m'offenser m'est tousiours apparent.

Oubliray-ie l'ardeur de ma flame viuante,
 Pour m'affliger le cœur de triste passion?
Non ie reuiens à may, mon ame trop galante
 Ne se peut alterer de vaine opinion.
Ie suis tout de desirs, ie suis tout de constance,
 Rien ne peut esgaler mes fideles ardeurs,
Aussi ma Belle vn iour par ma perseuerance,
 Iugera que ie suis digne de ses faueurs.
C'est au cœur genereux d'auoir de l'asseurance,
 Tourner tout à profit, iuger tout bien pour soy,
Ie m'auantage ainsi dessus toute apparence,
 Quand mesme ie sçaurois qu'on feroit cõtre moy.
Lors que ma Belle accepte infinité d'hommages,
 Et qu'elle nomme siens tant d'autres seruiteurs:
I'en suis plus glorieux, car ces petits courages,
 Font fueille à mõ amour, illustrẽt mes grãdeurs.
Ce m'est plaisir de voir tous les esprits du monde,
 Humiliez venir adorer sa beauté,
Et ses yeux Rois des yeux, faisãs par tout la rõde
 Choisir ce qu'il luy plaist rendre en captiuité.
Ma Belle c'est ainsi que mon cœur se dispose,
 A viure, n'estimant que vos perfections,
I'y suis tout resolu, ainsi ie me propose,
 Que vous faites estat de mes affections.

Laissons les se proumener par l'isle, considerans que tant ceux qui s'ennuyent, que ceux qui s'y plaisent, seront aussi tost les vns que les autres, au iour qu'il faudra desloger.

DESSEIN SEIZIESME.

Suite des amours de Beleador, Discours de chaud & froid en affections. Magie des Fees pour sçavoir l'estat des cœurs. Le navire de Sobare leue l'ancre, & emmenent les Fortunez.

IL n'est plaisir au monde egal à celui que savoure vn amant de merite, quand il peut exposer sa passion, comme en vn tableau deuant les yeux de celle pour laquelle il est pressé d'affections, il perçoit par ce moyen vn souuerain bien, & expliquant les angoisses & les plaisirs de son ame, il exhale la malignité de ses feux, il n'y demeure que le pur esclair de perfection par lequel il se donne le contentement de communiquer auec les belles intelligences, qui luy donnent relasche en ses persecutions, il estoit auenu que le Soleil plus vif sur la terre, auoit redoublé la pointe de sa chaleur, & alors estans tous au palais de Batuliree, chacun se resiouïssoit à la fraischeur, & Beleador ne perdoit pas l'occasion, mais entretenoit Carinthee des paroles, dont il crayonnoit ses intentions, & auint que luy touchant la main, qu'il sentit non seulement fraische, mais froide, luy dit, Ceste belle main fait paroistre par son estat, que l'interieur reçoit to⁹ les feux du corps. CARINTHEE. Si la main est froide, tout le corps l'est, la main & l'œil sont indices de tout, & puis ie suis toute d'vne froideur glaceante, qui me priue de toute chaleur. BELEADOR. S'il y auoit vne esteincelle de ce feu celeste qui par vous mesme alume tous les cœurs, vous ne vous declareriez pas tant frilleuse. CARINT. Tous ces feux ne sont que des inuentions pour se dilater en beaux discours, quand il n'est point question d'affaires serieuses, aussi ces belles feintes sont agreables occasions, de se donner du plaisir en la vanité delectable des discours qui se font. BELEA. Vous faites tort à l'Amour & à vous mesmes, car il n'y a rien tāt serieux, que lui obeir & vous seruir. CARIN. les seruices sont mignonnes occupations d'esprits, qui se delectent és precieuses feintes de l'hôneur courtois. Voila Beleador tasché, son ombre l'a fait broncher, & de fait ceste controuerse l'emporta si loing, qu'il se vid en la balance dans laquelle l'espoir est pesé auec la vanité, & pour en iuger au vray, voyez comme il en debat auec sa Dame, & puis il s'en repend, telles sont les douces melancholies d'amour demenant vn esprit :

Ne faites plus d'estat de mes fidelitez,
 Et foulez sous vos pieds mon humble obeissance,
 Puis que vo⁹ estimez qu'aux feux de vos beautés
 Faignāt ce qui me plaist ie brusle en apparence.
Faites aussi cesser l'esclat de vos beaux yeux,
 Faites mourir l'esprit entre les belles ames,
 Si vous ne cognoissez mes vœux religieux :
 Et si vous ne iugez mes feux des viues flames :
Comment cognoistriez vous les diuines ardeurs
 D'vne ame que l'amour doucement espoinçonné,
 Quād au pl⁹ grād effort des pl⁹ grādes chaleurs

fortunez. Entreprise I. 143

Toute pleine de froid, tout le corps vo9 frissõne?
Si vous estes ainsi sans ardeurs, sans desirs,
Et au regret des cieux vne inutile image,
Incapable d'amour, indigne de plaisirs,
Vous estes sans desseins, sans espoir, sãs courage,
Belle pardonnez moy ie cognoy mon erreur,
Afin de m'esprouuer vous faites ceste feinte,
Vous recognoissez biẽ aux traits de mõ humeur,
Que c'est d'amour parfait, que mõ ame est atteit
S'il est vray que mõ cœur n'ait point de passiõ, (te.
Aussi vostre beauté n'aura point d'apparence,
Mais comme vos beautez sont la perfection,
Aussi mon amour est d'amour la vehemence:
Ne paroissés point belle, où ne le soyez point,
Puis dites qu'vn ær feint en ces accens respire,
Mais voyez que l'effet à la cause est conioint,
Et que l'vn estãt vray, l'autre vray se peut dire:
Cesses l'opinion qui m'offence le cœur
Et croyez ie vous pri9 que mon ame est fidele.
Et recognoissant bien, iugez de la grandeur
De mes affections, comme vous estes belle.
Le froid exterieur dont vous vous ressentez (lãte,
Auiourd'huy que l'ardeur en tous lieux est bril-
Demonstre que vos feux dans le cœur arrestez,
Conçoiuent vn amour plus grande qu'aparẽte.
Ainsi vos feux secrets couuez secrettement,
Contentent dedans vous vostre sage pensee,
Et mes feux qui vous sont cognus appertement,
Mõstrẽt vostre pouuoir qui m'a l'ame offencee:
Belle ne dites pas que ie vay retraceant,
Sans suiet desiré ces mignonnes atteintes,
Et que sans passiõ ie souspire l'accent, (feintes.
D'vn cœur qui prend plaisir aux amoureuses

Mon cœur n'oseroit pas ainsi se transformer,
Pour deceuoir les yeux qui dans les ames lisent,
Si digne est son sujet, qu'il ne veut presumer,
De fair' cōme ceux-cy qui tousiours se desguisēt.
Or c'est vostre beauté qui cause mes souhaits,
Mes souhaits serōt dōc des souhaits veritables,
Puis que i'ay pour objet le parfait des parfaits,
Mes feux sōt d'amour vray, les feux pl⁹ agrea-
Belles pointes d'honneur qui me faites loger (bles.
En si digne sujet les desirs de mon ame,
Afin que pour iamais ie m'y puisse obliger,
Tout d'amour soit mon ame, & tout mō cœur de
Iamais autre desir ne me transportera, (flame.
Car il n'est rien d'egal à ma belle maistresse,
Iamais autre bel œil ne me destournera,
Car i'ay trop de valeur pour māquer de promesse.

Ceux qui ont veu ceste Isle, sçauent qu'il y a plusieurs beaux palais, d'autant qu'elle estoit autrefois habitee d'vn peuple sage & admirable en inuentions : Or la belle Carinthee auoit entre quelques vns choisi vn chasteau vers le leuant, où souuent elle se retiroit, & ce soir là, elle se delibera d'y aller, parquoy elle prit sa seruante & se mit en chemin, permettant à Beleador de l'accompagner : A dire vray les Dames ont de terribles artifices, pour faire paroistre leur pouuoir absolu sur les ames de leur commandement. Cet amant tout contant de conduire sa maistresse, se baignoit desia en l'aize parfait d'vne esperance asseuree d'affection mutuelle, & du tout en resolution d'accomplissement. Or comme ils eurent fait vn peu plus du tiers du chemin, la Belle le pria de la laisser aller seule auec sa seruante

acheuer

acheuer ſon voyage. BELEADOR. Mademoyſelle il n'y a pas apparence que ie manque tant à mõ deuoir, ie vous ſupplie que ie vous conduiſe iuſques au lieu de vóſtre repos, vous auez ce bois à paſſer, faites moy ceſte faueur que ie le trauerſe, vous ſeruant d'eſcuyer puis ie vous laiſſeray. CARINTEE. Ie ne le deſire pas s'il vous plaiſt, ie veux aller ainſi ſeule, & puis il n'y a point de danger, il n'y a plus que deux petites proumenades. BELEA. il me ſeroit indecent de commettre telle erreur, & pourtant ie vous fay ceſte treshumble requeſte, qu'il vous plaiſe me permettre de vous faire ce petit ſeruice de vous ſuyure iuſques là, puis ie m'en retourneray. CARIN. Vous me ferez deſplaiſir ſi vous paſſez outre, & ie rebrouſſeray chemin. BELEAD. Il m'eſt auis que vous deſirez que ie face vne faute ſignalee CARIN. Vous ferez vne faute plus grande de me deſplaire, que de pẽſer faire pour moy, ce que ie ne deſire pas, ie vous prie encor vn coup de trouuer bon, que ie ſuyue le chemin que i'ay deliberé, faites moy donc cet honneur de m'accorder, ce que ie vous demande BELEAD. il ſemble que vous deſiriez vous faſcher? CARINT. Vous en ferez cauſe, car ſi vous me preſſez d'auantage contre mon vouloir, i'en auray beaucoup de deplaiſir, ie vous prie croire que la liberté eſt l'vnique contentement, ie la deſire, n'y contreuenez pas, autrement mon cœur receura de l'incommodité & mon ame de la faſcherie. BELEADOR. Bien donc Belle: puis qu'il faut obeïr ie vous laiſſe aller & m'en retourne, tout chargé de triſteſſe de vous auoir deſpleu. Il la laiſſa pourſuiure, & le lendemain

K

au matin que la seruante veint, il lui enuoya ceste recognoissance,

Ie tremblerois de peur ayant commis l'offence,
   Que ie fis resistant à vos commandemens,
   Si vous qui scauez tout n'auiez la cognoissance
   Des violents efforts des premiers mouuemens.
Ie scay que i'ay failli, mais auisez ma Belle
   Quel interest de cœur ie pretens en auoir,
   Car puis que vous scauez que ie vous suis fidele,
   Vous deuiez accepter l'effet de mon deuoir.
Vous m'auez arresté de puissance absolue,
   Vos beaux yeux ont voulu m'eslire à leur plaisir,
   Toutesfois ie vous vei colere & resolue,
   Preste à me destourner l'objet de mon desir.
Ie l'ose proferer, vous me fustes cruelle,
   Et vostre voix me fut vn accent de rigueur,
   Car puis que vous scauez que ie vous suis fidele
   Vous me deniez traitter ainsi que seruiteur.
Mais soit ce qu'il vous plaist, i'ay l'ame obeyssante,
   Le cœur humilié, prompte la volonté,
   Riē ne peut empescher que mō amour n'augmēte,
   Rien ne rompra le cours de ma fidelité.
Vous m'auez allumé d'vne flame eternelle,
   Vous estes obligee à conseruer mes feux,
   Et puis vous scauez bien que ie vous suis fidele,
   Vous deuez accepter le deuoir de mes vœux.
Essayez & cherchez tout diuin artifice
   Pour trouuer par effait quel mō cœur vous sera,
   Soit que vous vo° feignies, ou cruelle, ou propice
   Mō courage constant, constant vous paroistra.
Ainsi ie vay fuyant où mon destin m'appelle
   N'ayant que mō amour & vos beautez pour loy,
   Et puis que vous scauez que ie vous suis fidele

Laissez moy seruir ainsi que ie le doy.
Quand Carinthee fut de retour, Beleador se plaignit à elle encor sur le mesme sujet, & cõme elle luy remonstroit qu'elle auoit affaire, & ne le vouloit pas incommoder, & l'aymoit mieux employer en fait de plus d'importance, il lui dit, ie veux ce qu'il vous plaist, car vous auez tout pouuoir sur moy, mais vous ne m'auez peu empescher de vous attaquer par ceste boutade: dõt ie vous inquieteray pour me venger en declarãt le secret de vostre belle magie, que comme Fee vous exercez.

Belle pardonnez moy de vous prendre à partie,
　En vous représentant que vous m'auez fait tort,
　Et vous ressouuenez de ceste departie
　Dont le commandement me fut vn trait de mort.
Ie ne couueray plus vne triste pensee,
　Ie vous diray mon mal puis que i'ose parler,
　Aussi vous iugez bien que mon ame offencee
　A quelque opinion qu'elle ne peut celer.
Pourquoy voulustes vous que ie m'en retournasse,
　Sans vous accompagner à trauerser le bois?
　Mesme en me demonstrãt vne prompte disgrace:
　Dont vous me menassiez si ie n'obeissois?
Ie descouure les traits de vos beaux artifices,
　Vous auiez en l'esprit vn dessein auancé,
　Vous deuiez acheuer vn reste de seruice
　Aux deitez des bois sur vn sort commencé.
Et ne sçay-ie pas bien que les sauantes Fees
　Suyuent dans les forests leurs desseins curieux,
　Et que d'vn feu diuin dans le cœur eschaufees
　Vont dedans les secrets de l'abisme & des cieux?
Elles ne veulent pas que l'on ait cognoissance.

K ij

Des mysteres sacrez de telles actions,
C'est cela qui vous fit ordonner mon absence,
Pour seulette vacquer à vos inuentions.
Vous auiez reserué dedans le creux d'vn chesne,
Trois fueilles de laurier, & trois vierges flabeaux
Vne table sacree, vne pointue aleisne,
La poudre de trois cœurs, pris de trois passereaux
Sur le plan de la table enfonçant ceste pointe
Vous formastes trois cœurs en triangle posez,
Puis à chaqu'vn des cœurs sa fueille fut adiointe
De mesme les flambeaux y furent disposez.
Puis vous mistes la main sur la poudre animee,
De quelques mots sacrés que bas vous pronõciez,
Et d'elle sursemant chaque mesche allumee,
Vous vistes dãs ces feux ce que vous recherchiés.
C'est ce qui me fait tort, c'est cela qui m'offence,
Car vous auez douté de mon affection, (sence,
Vous eussiez biẽ mieux veu mon courage en pre-
Que suiuant le hazard de telle inuention.
Ors vous sçauez beaucoup, soyez en satisfaite,
Vous auez recognu que vous me possediez,
Vous n'auez rien gaigné de vous estre distraite,
Car voº n'auez riẽ veu que ce que vous sçauiez.
Mais vous qui pouuez tant, faut-il que curieuse
Vous aliez recherchant ainsi la verité?
Ne sçauez vous pas biẽ que toute ame amoureuse
Doit sans feinte de cœur seruir vostre beauté?
Donques ne doutez plus de ma perseuerance,
Car vous me feriés tort & à vous mesme aussi,
A moy de me troubler en ma bonne esperance,
A vous d'auoir esleu sans qu'il eut reussi.
Bien que cẽt mille cœurs bruslent pour vos merites,
Que toº les beaux esprits soyẽt soº vostre pouuoir,

Mes flames ne seront toutesfois si petites,
Qu'être tãt de grãds feux ne se facẽt bien voir.
Je vous ay dit le mal que mon ame souspire,
Et le dessein constant dont mõ cœur s'entretient,
Et puis je suis à vous, il vous a pleu m'eslire,
Vous deuez conseruer ce qui vous appartient.
Auisez mes raisons, & me faites iustice,
Payez moy l'interest de mon affliction,
Si iuste est vostre cœur qu'il me sera propice,
Encor que contre vous j'intente l'action.

CARINTEE. Vous auez tort de m'offenser, & de reblandir si foudain. Bien ie ne vous en dis rien pour maintenant, & ne vous en feray demonstration aucune, d'alteration à ioye ou a peine, i'espere vous attraper en l'hermitage d'Honneur, & là vous payer d'affront si vous le meritez, ou recompenser de grace si vous en estes trouué digne. L'Amour veut bien que l'on celebre ses bonnes festes, & qu'on s'occupe à ses delicieux desseins, mais les autres affaires qui sont des effets qui lui succedent, ou qui l'establissent, nous attirent aussi, parquoy nous permetrons à cet Amant de souspirer, iusques au tẽps determiné. Et nous prẽdrons aussi le temps commode pour leuer les voiles, & leuer les ancres du Nauire de Sobare, qui auec les siens reçoit les Fortunés, lesquels auec vn meslange de regret & de ioye, prirent congé de la dame Batuliree & de sa fille, lesquelles laisserent aller ceste troupe auec vn desplaisir mutuel.

DESSEIN DIXSEPTIESME.

Le Nauire poussé en Calicut, les Sobarites sont pris prisonniers. Inimitiez des Rois de Calicut & de Sobare, à cause de Sorsireon & de la Saincte Galanstisee. Sorsireon & Pocorusee Synesastes. Les Fortunez ayans imité le Lion verd, mettent leurs amis en liberté. Le vaisseau des Sobarites est ietté en Asie, où les Fortunez trouuãs vn vaisseau de Glindicee y montent. Les Sobarites arriuent à bon port.

LEs Sobarites ayses d'auoir auec eux les Fortunez, qui n'y a pas long temps estoyent en leurs païs, vogoyent ioyeusement sur la mer doucement agittee, du vent qui les portoit en leur contree, & comme presque ceste bonne troupe esperoit surgir au lieu desiré, suyuant l'agreable vent qui les portoit, il auint vne nouuelle fortune, possible le destin auoit affaire des Fortunez, si que prenant occasion, il fit leuer vn vent de midy qui ietta le nauire au destour de la terre ferme, & l'enlaça au haure de Calicud, apres les auoir tourmentez assez impetueusement durãt sept iours: eux qui ne se recognoissoiēt point, ne sçauoyent encor en quelles terres ils estoyēt. mais ceux du païs qui les auoyent veu cheoir de haute mer en leur auenue, les recognurent bien, si qu'au lieu de les receuoir auec pitié, les prirent audacieusement, & ce à cause de l'ancienne inimitié qu'il y a entre ceux-cy & les Sobarites, pour la saincte Galanstisee que ceux de Sobare ont, & qui iadis appartenoit au Roy de Calicut, beaucoup de guerres en ont esté entre les ancestres, & la haine en est demeuree. Possible qu'il y auoit du droit des deux costez, toutesfois le saisi ayant de la force le peut tousiours emporter. Le fait est, que le Roy de Calicut & le peuple firent partie d'enuoyer en Ofir, si qu'ils dresserēt & equiperent vne flotte raisonnable, & mirent gens sur icelle, en ceste expedition, pour aller conquerir la Sainte Galanstisee, & fut chef de l'entreprise Sorsireon, fils puisné du Roy de Calicut, ieune Prince accord & de bel entendement, nourri en toutes bonnes disciplines & grand Philosophe. Il fut long temps auant que pouuoir descouurir le moyen d'y paruenir, & toutesfois apres beaucoup de peines & de recherches employees, il veint à bout de ses desseins, nous en verrons toute l'ordonnance, si quelquefois nous pouuons extraire de la bibliotheque de l'hermitage d'Hōneur, le volume des memoires de ceste conqueste. Sorsireon ayāt heureusemēt accomply son entreprise, reuenoit auec le tresor en sa main, & comme il vogoit auec le reste de sa flotte qui auoit esté vnze ans sur les eaux, il fut rencontré par vn petit vaisseau qu'vn sien fidele amy lui enuoyoit, là estoit vn gētilhomme auec vne lettre de creance, pour l'informer de ce qu'il luy mādoit. Cet amy lui dōnoit tous les ans trois ou quatre fois auis de ce qui se passoit au païs, & lui de mesme l'auisoit de ce qu'il effectuoit. Le messager luy declara sa creance, qui estoit de

K iiij

l'auertir que le Roy son pere estoit mort, son frere aisné establÿ & recognu, & lui delaissé sans autre partage que sa bonne fortune. Sorsireõ estoit desia proche du pais, parquoy il tourna voile, & donna vers les isles, & s'enpara de quelques vnes qui sont voisines de Sobare, ayant fait ceste nouuelle conqueste, il pésa de se faire Roy de Sobare, mais il trouua vn Roy plus fort que lui en son païs, leur guerre fut grande, & puis ce conquerant ne perdoit rien, c'estoit l'autre qui auoit de l'interest, toutesfois pour acheter paix, il ayma mieux lui laisser quelques isles pour retraitte: comme si par pitié il les lui eut donnees: Le Roy ne desirant point de trouble gratifia ce Prince, ioinct que ce lui estoit vn moyen propre pour auoir de l'ayde s'il en auoit besoin, sur la parole du Roy de Sobare, Sorsireon vint le voir, & il fut receu humainement & auec honneur, en ce téps-là ceste court estoit agreable, & y auoit de belles dames, entre autres Pocorusee resplendissoit, comme le premier astre du matin: Sorsireon qui la vid se dedia à son seruice, & s'offrit à elle, la Belle le supplia de l'excuser, lui faisant entendre qu'elle estoit obligee au veu de virginité, auquel elle s'estoit liee fidelement, partant elle ne pouuoit luy faire la grace egale à la courtoisie qu'il lui faisoit, lui qui auoit l'ame trop vlceree, & auquel la frequentatiõ auoit imprimé le fruict de son espoir, ne peut & ne voulut estre escõduit: parquoy il poursuiuit de plus en plus la Belle, laquelle par ses bonnes raisons l'induisit à oublier la recherche qu'il faisoit, laquelle (estant assez persuadé, il transmua en mesme volonté que celle de sa Dame, si que l'vn & l'autre s'accorderent, & pour n'esteindre tout le fruict de leur amitié, iurerent pour tousiours de viure selon les sainctes conditions que la belle establiroit, & qu'en ceste forme ils se frequenteroient comme heureux sinelastes, viuãs d'amour mutuel & chaste, terminé des bornes de continence perpetuelle. A quoy Sorfireon se voyant reduit, se donna au Roy de Sobare, luy remit ce qu'il luy auoit donné, & ses autres biens, & d'auantage le fit heritier de la saincte Galanstisee, se confinant librement quant & Pocorusee pour viure auec elleen paix & d'amour pudique en seules passions d'esprit tranquille, comme il fit iusques à sa mort. Ceux de Calicut long téps apres ayans sçeu la mort de Sorfireon, enuoyerent en Sobare pour au moins auoir ses meubles, & sur tout la saincte Galanstisee, remonstrant qu'ils estoient ses heritiers: Le Roy leur fit responsse, que leur demande estoit discourtoise, & qu'il n'y pouuoit entendre, & de faict, l'Ambassadeur s'en alla sans rien faire. A son retour en Calicut, la guerre fut denoncee contre les Sobarites, qui furent assaillis, mais ils se defendirent si bien, que les autres furent contrains s'en retourner, n'emportans auec eux que la haine mortelle qu'ils ont tousiours cõtinuee contre ceux cy. Or les Asiatiques se souuenans encor de leurs vieilles querelles, & ayans prins ces Sobarites, les mirent en prison, les separãt afin de les interroger à leur plaisir, & pour ce qu'ils se doutoient qu'en ce vaisseau il y auroit d'autres gens que des Sobarites, ils en firent perquisition, & par ainsi ils mirent les Fortunez en liberté, ausquels ils declarerent leur intention, & la cause: sur quoy ils vserent de remonstrances & autres actes tendans à persuasion pour deliurer leurs amis, mais ce fut en vain, & leur fut dict qu'ils se contentassent du gain qu'ils faisoient d'estre libres. Sur cela les Fortunez prirent conseil ensemble de faire quelque chose d'estrange ou d'habile, pour retirer leurs amis. Cependāt qu'ils estoient à trafiquer auec les desseins, pour la liberté des prisonniers, ils sceurent tant bien s'insinuer aux graces du Roy, de la Royne & des grands de la Court, que l'on faisoit grād cas d'eux: parquoy parlās de passer en Sobare, le Roy les print à part, & leur dit, que s'ils pouuoient tant faire que la Royne Sarmate luy vouluſt enuoyer vne ouce & vn grain de la saincte Galanstisee, qu'il deliureroit tous les prisonniers & feroit paix auec elle & les siens, & seroit son amy & seruiteur. Les Fortunez luy promirent d'y mettre ordre, & sur cela les prisonniers furent eslargis. Ainsi que l'on se despeschoit de faire vn vaisseau leger pour passer en Sobare, il arriua des nouuelles d'Ofir, où le Roy de Calicut auoit enuoyé CTISDER frere de la Royne qui luy faisoit sçauoir de ses nouuelles. Ce Prince estoit allé en Ofir pour le recouurement de la saincte Galanstisee qui croiſt en ce pays là, & est quelquesfois liqueur & quelquesfois & le plus souuent pouldre, tantost comme le lis en blancheur, & tantost comme le pauot champestre en rougeur, l'excellence de cecy eſt en l'vsage, car on en prend en fort petite quantité, qui est enuirō vn grain à chaque fois, ce qu'ayant reiteré deuëment, on est certain d'estre deli-

fortunez. Entreprise I. 155

uré de toute cause de maladie interne, tellement que l'on peut viure sain de corps & d'esprit iusques à l'âge fort abatu, que l'on cesse l'vsage de ce diuin restaurant, puis l'ame s'exhale comme le feu d'vne mesche qui n'a plus de liqueur, c'est ce qui a fait tant & sainemēt viure les Roys & Princes de Sobare, & rend les Princesses si belles. Or CTISDER mandoit qu'il estoit sur le point d'obtenir son desir, & auoit apris exactement le moyē dōt Sorsireon auoit vsé, & ce par le disciple d'vn qui l'aidoit & estoit son confident : Et ainsi luy declaroit qu'il estoit necessaire d'auoir le vaisseau propre : Car en quelque façon que deust estre le vaisseau, il cōuenoit qu'il fust tel qu'il prinst tout d'vn coup, ce qu'il y en falloit, ny plus, ny moins, sans y retourner, & sans en oster ou adiouster, autrement tout se perdoit. Le vaisseau estoit de telle matiere & mesure : il estoit de fin or pur & vierge, en figure de Lyon, tellement proportionné au petit pied, que tout le Lyon de metal egaloit seulement la pate droite du Lyon de pais, tranchee à la iointure, & falloit qu'il fust vuide à la proportion du vuidé d'vn Lyon auquel on a osté les parties interieures. Ce qui fut bō à ce coup est que Ctisder recouura auec grand trauail & subtilité, le Lyon verd qui auoit esté le modelle de celuy qu'autresfois Sorsireon auoit faict, & estoit de bronze antique seulement refondue vne fois, l'ayant recouuré il l'enuoya au Roy. En ceste mesme heure le Roy estoit auec les Fortunez sur l'affaire proposee, & s'apprestoient de partir, & il print occasion de leur communiquer la lettre de Ctisder ; Sur quoy ils luy dirent, que s'il luy plaisoit leur donner iour d'y penser, qu'ils s'en resoudroient: Celà luy pleut. Au iour ordonné ils luy dirent, que s'il ne tenoit qu'à recouurer ce vaisseau pour obtenir la saincte Galanstisee, qu'ils trouueroient bien homme qui le feroit selõ toutes les proportions requises, pourueu qu'il fournist de matiere, & que la besongne estant faicte, & recognuë telle, il laissast aller les Sobarites. Le Roy leur accorda ce qu'ils desirerent, & leur ayāt fourni d'estoffe, & de lieu, ils firent trauailler vn orfeuure sage & entendu, lequel suiuoit le medecin de Sobare. Cest ouurier instruit par les Fortunez, prepara de la pierre œillee, des feces de Mars, dont en boüillant par le vinaigre, on a osté la teinture pour la santé des Dames Icteriques, & adioustant la terre moite de creuset, batit tout ensemble, & le conroya si biē qu'il en fit vn moule aussi net que la piece mesme: ainsi fut moulé le Lyon verd, en la place duquel l'autre estant coulé, il se despoüilla, extremement bien ressemblāt le premier, dont il sembloit estre l'original. Ce Lyon fut vuidé & reparé, où il estoit besoin, & fut si exactement bien imité & fait qu'il n'y auoit que redire, puis ils le presenterent au Roy, lequel pour s'asseurer si l'ouurage estoit bien & deuëment fait, fit assembler ses ingenieux & mathematiciens, lesquels iugerent cest ouurage beau & exquis, mais ils ne le sçeurent mesurer exactement. Ces Fortunez estans appellez dirent au Roy, qu'ils le mesureroient en sa presence, & qu'ils ne vouloient que luy seul pour iuge de la demonstration apparente qu'ils en feroient. Pour ce faire, ils preparerent vne petite cuue d'argent, fort ingenieusement elabouree, polie & nette par dedans, ayant les bords fort vnis, & la poserent horizontalement sur vne table bien assise. Ce vaisseau estoit plus long que large : Ils leuerent le Lyon par le moyen d'vne sangle de soye cruë (laquelle dure long temps incorruptible) à laquelle il estoit attaché en balance, & par le moyen d'vn beau polypaston, le haussoient & baissoiẽt imperceptiblement, l'ayāt disposé sur l'ouuerture du vaisseau lequel estoit plein d'eau de fontaine bien claire, ils le laisserent couler dedans peu à peu, l'y deualant tant qu'il fut tout caché en l'eau, & qu'il n'en sortit plus, car l'eau sortoit à mesure que le Lyon y entroit, apres que l'eau fut sans mouuement, qui mesmes auoit esté imperceptible, ils releuerent le Lyon le laissant suspẽdu, afin qu'il s'esgoustast au vaisseau, puis ils osterent ce Lyon & y mirent l'autre, lequel estant coulé en l'eau y tint autant de place : De là le Roy mesme iugea qu'ils estoient égaux, quant à l'eau qui estoit sortie & auoit esté receuë en la base de la ciuuette, elle fut coulee en vn vaisseau d'argent qui auoit deux poulces en quarré, & estoit fort long, deux poulces en quarré, c'est à dire, que le costé du vaisseau estoit égal à la diagonale du quarré, ayant vn poulce de costé : l'eau y estant, monstra combien le petit Lyon auoit de poulces, & de lignes, les Fortunez nous l'auoient dit; mais l'ayant presques mesprisé, bien que l'eussions escrit en vne tablette qui est en l'hermitage, nous n'auions pas pensé d'en raporter le memoire sinõ pour les curieux. Le Roy content des Fortunez leur fit de grands presens, les laissa acheuer leur voyage, leur rendant toute leur troupe, & offrāt escorte au besoin, & d'auantage promettant par eux amitié, paix & seruice à la Royne de Sobare, au Medecin de laquelle il donna vne emeraude rouge & verte. Il auoit prins à part les Fortunez pour sçauoir d'eux quels ils estoient, & ils luy auoient dit qu'ils apartenoient au Duc de Narcise, & que leur pere estoit le gouuerneur de ses enfans, homme jà d'aage & Philosophe. Ils s'embarquerent doncques, & eurent assez bon vent trois iours, mais le vent de midy les ietta en vn havre d'Asie, où ils attendirent le vent propre pour leur route: il aduint qu'estant là, il s'y trouua vn vaisseau qui tiroit en Glindicee, les Fortunez le trouuant si à propos, prinrent congé de leurs amis, leur faisant entendre qu'ils y auoient expressément affaire, prians le Medecin & les Dames de faire leurs excuses, l'asseurans que biē tost la Royne aura de leurs nouuelles. Viuarambe ayant parlé en secret à la Dame, la supplia de faire son excuse particuliere. Ils se separerēt dōcques, & les vaisseaux prirent leur route, celuy de Sobare arriua à bon port, & le Medecin auec les Dames raconterent à la Royne leurs aduantures, & comme par la rencōtre des Fortunez ils auoiēt esté deliurez de la main du Roy de Calicut, qui d'oresenauant desiroit viure en paix, & amitié auec elle, la Dame estant en particulier luy presenta ceste lettre de la part de son Fortuné.

L'Absence est l'affliction dont la rigueur est la plus vehemente de toutes les violences qui blessent les cœurs viuans d'vne belle affection. C'est ce mal qui me trouble & me persecute de douleur sur douleur: car il n'est ennuy semblable à la separation de sa felicité. Ie suis en tenebres si loin de mon grand Soleil, duquel l'Ecclipse me dure trop longuement. Ie n'eusse iamais pensé que la cause du bien le plus aduantageux que m'ait faict apprehender la fortune, fut occasion que ie souffrisse tant de passion. Quand vostre belle lumiere ne m'auoit encor paru, elle ne me causoit point de regret, mais depuis qu'elle eut estably sa loy, qu'elle a escrite en mon ame, depuis que vos yeux furent l'honneur vnique de mes desirs, mō cœur y a tellement esté vny, que le default de leur presence m'est vn mal insuportable: Ie ne puis rien apporter pour adoucir l'aigreur de ceste fascherie, & ne puis trouuer remede à ceste peine. Si ie me plains ie vous feray tort de vous importuner de doleances fascheuses, n'ayant suiet autre que de vous benir & honorer, comme celle qui nourit ma vie en la parfaite felicité, & l'alaicte de ce qu'il y a de meilleur en l'esperance. Et bien qu'ainsi vous soyez toute ma liesse, mon ennuy pourtant a sa cause de vous, pource que vous m'estes absente, & ceste absence me donne le tourment qui m'inquiette. Comment nommeray-ie ceste perplexité? sous quelle idee de mal la proposeray-ie à mes conceptions? Ie ne veux point me profonder d'auātage en ceste peine: i'ay assez de perturbations d'estre tant esloigné de vous, & i'ay trop d'affliction de ne vous voir pas. Aussi ie tascheray de patienter pour cōseruer ma vie, afin que ie vous puisse seruir ayant fait preuue de ma valeur: adonc tout consolé apres l'acheuement de plusieurs belles fortunes, ie vous iray voir plein du bon-heur d'estre vostre, ayant l'esprit accomply en parfaite ioye, vous ne prendriez pas plaisir qu'vn desolé se presentast à vous, ioint qu'vn courage-abbatu de tristesse n'est point propre au seruice des Dames: Partant bien que ie sois en ceste angoisse, tout releué de cœur & multipliant l'ardeur de mon affection dans le voile de l'absence, ie rendray mon amour tant accomply, que vous le iugerez de merite, & verrez à l'effet que vos perfections m'ont excité pour paroistre tel que doit estre celuy qui vous a pour but de iustes desseins, vous ayant donc pour guide, & estant mené par l'honneur, present & absent, ie vous rendray fidelle preuue du tres-humble seruice que vous a voüé & vous doit Viuarambe.

La Royne Sarmate eut du contentement en plusieurs sortes, mais le plus signalé fut de sçauoir de l'estat de son Fortuné, & ayant apris quelques particularités que secrettement il auoit communiquees à la Dame pour luy dire, elle se resolut de se consoler, attendant celuy qui luy estoit plus cher que son ame.

DESSEIN

DESSEIN DIXHVICTIESME.

Les Fortunez arrivez en Glindicee se desguisent: La vieille Lycambe medecine vient à l'Empereur pour le guerir. Epinoise malade, par l'art de la vieille est guerie, & marquee en la cuisse, vn ancien marchand la vendicant, elle luy est deliuree.

Es Fortunez ayans pris port en Glindicee, se desguiserēt & retirerēt en vne petite ville, se feignans marchands de pierreries, musc, ambre, & rares drogues qu'on apporte d'Asie, & d'Orient: ayans resolu ce qui estoit à faire pour leur honneur, à fin de sçauoir la verité de la cause de ce qui s'est passé contre eux, & recouurer vne infinité de precieuses & non communes besongnes qu'ils auoient laissees en leur logis, auec des memoires de grande consequence que l'Empereur auoit mis en seure garde, apres les auoir reuisitez sans y rien entendre, d'autant que la pluspart estoient discours stœganografiques; & y auoit aussi entre autres de petits tableaux des fortunes qu'auoit eu l'Empereur, ce qui luy toucha tellement le cœur, qu'il eut regret de ce qu'il auoit fait sans auoir parlé à eux. Or les Fortunez ayans conclu leur affaire, ils aduiserent que Viuarambe iroit à la Court, pour descouurir ce qu'il pourroit, afin de prouuoir au reste. Or sça-

L

uoient-ils de grands secrets, & en auoient encor appris auec la Dame de l'isle des serpens. Caualirée auoit eu le secret de pouuoir muer l'apparence, & desguiser les lineamens du visage, & les proportions du corps de teint, & semblance de sexe, & figure, & regard, & de voix : Par ce moyen il transmua Viuarambe, & luy fit prendre la similitude d'vne vieille femme, & luy & son autre frere furent desguisez en marchands Mores, & en cest estat ils vont prendre logis en vne hostellerie pres le Chasteau, & la vieille se loge aux faux-bourgs, où elle se dict estre Lycambe la medecine de l'isle de raport, qui estoit venuë pour guerir l'Empereur, qu'elle auoit ouy dire estre malade. Celà fut incontinant sçeu, & desia chacun parloit de la grande Medecine qui estoit en pays, on le raporta à l'Empereur, qui voulant tenter tous moyens l'enuoye querir par la Fee Epinoyse. Celà vint fort à propos, car c'estoit ce que Lycambe desiroit. Estant deuant l'Empereur elle le salua, & l'Empereur la priant de s'approcher, & luy ayant fait caresse, côme il estoit fort courtois & gracieux, l'enquit de la cause de sa venue, elle luy dit librement que sa principale intention estoit pour le voir : surquoy l'Empereur ayant reparti & elle repliqué, print la main de sa Maiesté, & le considera auec grande attention, puis luy dit, Sire, les choses secrettes sont celles qui sont en l'esprit, & qui ne doiuent estre declarées, parquoy ie vous prie que ces gens ci se reculêt vn peu, & ie discourray de vostre mal plus à mon gré, & diray de vostre secret ce que i'en ay desia cogneu, puis ayant descouuert vostre

fortunez. Entreprise I. 163

maladie, ie viēdray bien tost aux remedes. Le mal qui vous tient en l'inquietude où vous estes, est vne profonde melancholie, qui n'est point esmeuë par l'indispositiō des humeurs, mais par vn signalé desplaisir qui vous est arriué d'vne cause amoureuse, par le meslange d'vne colere trop vehemēte, qui depuis s'est rēgregee pour vn nouueau desplaisir: Et ne pouuez estre deliuré de ce mal si tost que vous desireriez, & que ie voudrois bien, d'autant que le remede ne peut estre diligēment prest, & puis il y a vn autre fait que ie iugerois fort biē, si vous m'auiez declaré naifuement ce dont ie me doute, parquoy, Sire, contez moy naifuement la verité de tout, & ie vous soulageray. Alors l'Empereur luy fit l'entier discours des affaires d'Etherine, & adiousta cōme depuis il auoit perdu tout espoir de guerir, ayāt non seulement disgracié les Fortunez, mais les ayant perdus. Lycābe sçachant vne partie de ce qu'elle desiroit, outre ce qu'elle en sçauoit, & entendant par le reste de ce discours le regret que l'Empereur auoit pour les Fortunés, luy promit secours le plustost qu'il luy seroit possible, & le pria de s'en asseurer: ainsi elle sortit luy promettant de le visiter souuent. Epinoise sçachāt cōme Lycambe auoit consolé l'Empereur, qui estoit fort content d'elle, delibera de l'entretenir, & se deceler à elle. Ceste desolee Fee eust voulu, que la maudite fureur de vengeāce qui l'auoit incitee à la trahison qu'elle auoit cōmise, ne luy fust iamais entree au cœur, d'autant que pour ce qui estoit suruenu, l'amour ne laissoit de la flageller auec des pointes plus aigues & qui se faisoiēt plus importunes par le desespoir. Prenant donc occa-

L ij

sion de discourir auec Lycambe, elle luy raconta ses amours, & comme elle s'estoit en fin malheureusement vengee, & que pour tout celà son mal au lieu de s'appaiser se rengregeoit. Lycambe esclaircie de tout, luy dit, que la premiere fois qu'elle le verra, elle luy donnera de l'espoir & de l'alegeance. Cependant elle pourpensa en soymesme ce qui estoit de faire, & le lendemain la voyant luy dit, que le vray moyen de destourner ces malignes fantaisies consistoit en l'vsage de quelque asseuré Talisman, & que si elle vouloit elle luy feroit celuy d'oubliance, tellement que iamais ne penseroit au passé qui l'afflige. La Fee le refusa, & luy dit qu'elle aymoit mieux celuy de songes volōtaires, pour se donner du contentement. Lycambe luy promit, & qu'elle l'auroit dans deux iours. Or vouloit elle la punir de sa meschanceté, mais de telle sorte, que celà luy donneroit plus d'ennuy, de crainte & d'affliction d'esprit que de mal. Lycambe fit donc le Talisman de songe, mais elle y mesla d'vne liqueur insipide, qui estant eschauffee en la teste touche au principe des nerfs, & dans le dixseptiesme iour apres, sans qu'on pense que celà en soit la cause, fait tomber en l'ischion vne douleur intolerable, qui ne se peut guarir que par le remede cogneu à celle qui a occasionné le mal. La Fee ayant eu le Talisman s'en seruit vne nuict selon l'ordre & la raison, & songea ce qui luy pleut, & toutesfois estant resueillee trouue que celà ne la pouuoit contenter, d'autant que la perfection n'y estoit pas, parquoy reuoyant Lycambe luy rendit, & la pria de luy donner celuy d'oubliāce qu'elle luy auoit offert, elle luy dit qu'elle le vouloit biē, mais qu'il falloit necessairemēt attēdre à l'autre lune, à cause que les Talismans imprimēt leur force pour toute la lune à tout le moins : Lycambe faignant auoir des affaires, s'en alla auec promesse donnee à la Fee, de la venir reuoir dans peu de iours. Le temps expiré de la future sciatique, voilà qu'Epinoise reuenant du chasteau brōcha à vn petit caillou, à quoy elle ne prit aucunement garde, & sur la nuict vne douleur commença à la fascher, elle pensa que ce fut ce petit pas faux qu'elle auoit fait, parquoy elle enuoya querir vne vieille reuendeuse qui se mesloit de remettre, & luy monstra sa iambe : la vieille qui doit tousiours faire valoir le mestier, dit qu'elle estoit blessee, & la racoustra, puis la laissa bandee, & emplastree d'herbes : cela n'y seruit de riē, car la douleur s'augmenta de telle sorte, que la cause en fut mise sur le faict de la rabilieuse, & la douleur se multiplia tant, qu'elle deuint presques insupportable. Les Medecins appellez n'y cogneurent rien, les Chirurgiens assemblez l'ignorerent, & les Empiriques n'y virent goutte, & cependant la pauurette perdoit patience, il n'y auoit personne qui peut y rien faire, tellement que la vieille Lycambe fut desiree, qui vint auec les souhaits de la desolee, laquelle desia auoit pati quatre iours en expiation de l'offence faite à quatre personnes innocentes : Quand elle fut pres de la Fee elle fut inuoquee auec larmes & doleances qu'elle recueilloit en commencement de satisfaction pour la faute commise. La dolente Epinoise ayant conté toute l'histoire de son mal & des remedes, monſtra à la medecine l'endroit plus grief où ſa douleur l'offençoit le plus, l'ayant viſité & touché luy dict, Mamie, ie cognoy que voſtre mal ira en grand longueur, & ſera d'vne conſequence fort faſcheuſe, ſi vous n'y prouuoiez, & n'i a qu'vn moien de reſtituer voſtre ſanté, lequel ie vous dirai ſecretement, comme auſſi il faut qu'il ſoit ſecretement executé, ce moien eſt vn cautere actuel qu'il vous faut appliquer au muſcle reſpondant à ceſt endroit, ce cautere ſera d'vne piece plate que i'appoſerai moi-meſme, & auſſi toſt voſtre douleur ceſſera ſans plus retourner, & n'i a autre remede. La deſolee malade fut en grande perplexité n'aiant point enuie d'i condeſcendre, mais penſant à ſa douleur tant forte, qui ſans relaſche la conduiroit iuſques au tombeau, ſe delibera, toutesfois elle lui dict, Helas! ma bonne mere, ce mal ne peut-il eſtre autrement guari, pourrai-ie endurer la violence de ce feu? LYCAMBE. Le feu de ſoi eſt ſi pur, qu'il paſſe auſſi toſt, & ne laiſſe point de maligne impreſſion, & puis la platine eſt d'or, qui eſt vn metal gracieux, aduiſez y, il y a bien de la difference entre vne douleur momentaire, & vne inquietude douloureuſe qui ne finit point, & conuient que vous preniez viſtement auis par ce qu'il me faut bien toſt aller où i'ay affaire pour le faict de l'Empereur. Apres pluſieurs petites difficultez, la Fee s'accorda, parquoy Lycambe s'eſtant enfermee ſeule auec elle, fit chauffer ſa platine, & ayāt fait paroiſtre au iour la belle cuiſſe, remarqua l'endroit où il falloit poſer le feu, & voyant ceſte rondeur potelee qui rioit aux appetits d'amour, auoit preſque regret d'executer ſon entrepriſe, toutesfois elle y enfonça le chiffre premedité, & vn peu apres, la pointure du feu, & toutes les autres douleurs cesserent, & la Fee se trouua aussi gaye & disposte que iamais, horsmis le petit regret de ceste marque de feu, qui deslors l'interdisoit de la compagnie des Nymphes qui se baignent nues. Lycambe vint voir l'Empereur accompagnée d'Epinoise, qui le iour de deuant n'estoit pas en semblable disposition, car il l'auoit esté voir: parquoy l'ayant deuant soy en telle & si belle santé, luy en demanda l'occasion: Elle luy dit que la sage Medecine l'auoit guarie, ce qui fut cause qu'il eut encor plus de creance en elle qu'auparauant. La vieille ayant deuisé auec l'Empereur print congé de luy, luy promettant de le voir en bref auec certaines & asseurees aydes pour le recouurement de sa santé, & l'accomplissement de ses desirs. Entre autres presens que l'Empereur luy fit, il luy donna vne perle bien ronde, vraye, fine, & de la troisiesme grandeur, ceste perle auoit vne proprieté que la regardāt des deux yeux, de sorte que l'angle des deux rayons visuels finissans à neuf poulces loing de son corps elle paroissoit toute verde, il y auoit vn petit instrument fait expres lequel estoit de verre blanc, & on y posoit la perle, & on l'aprochoit & reculoit tant que lon fut bien, & lors l'aparēce se manifestoit, si on la mettoit en de l'eau rose, où il y eut vn grain de musc, elle paroissoit toute rouge, ce ioyau estoit pretieux & notable. Lycambe ayant auerti les deux marchāds de tout ce qui s'estoit passé, ils retournerent à Sepor en leurs logis, où ils se tindrēt quelque tēps & autāt que besoin

L iiij

estoit pour leur entreprise. Cependāt que l'Empereur attendoit la venuë de la vieille, il se resolut de reprendre son ancien courage, & de fait il parut en la mesme constance qu'il auoit accoustumé, & se formant auec sa propre raison pour estre tel qu'il luy estoit decent, se seoit souuent en son lict de iustice pour faire droict à son peuple. Quelques iours estoient desia escoulez depuis le depart de Lycambe, que voici vne fortune nouuelle: Ainsi que l'Empereur tenoit le siege en son Palais, il arriua vn beau & venerable vieillard, tel que sont ceux qui ont longuement trafiqué és terres loingtaines, qui se presentant humblement deuant l'Empereur, luy dict qu'il auoit vne tres-humble requeste à luy faire. D'où estes vous? dict l'Empereur, Il respond, Sire, ie suis de l'isle de la Fee Oris. L'EMPEREVR. Comment auez vous nom? Il dit, Sire, ie suis nommé le triste Guisdee. L'EMPEREVR. Dites ce que vous desirez obtenir, & s'il est raisonnable, vous aurez le contentement que vous souhaittez. GVISDEE. Sire, ie suis vn desolé marchand, & qui depuis dix ans ay fait vne perte notable, i'auois par rencontre & hantise des nations recouuré vne ieune fille assez belle que i'auois instruite en toutes sortes de perfections, & tellemēt accomplie, que la voyant en estat d'estre bonne pour en tirer vn grand & honneste profit, ie me proposé de la mener en Leuant és lieux où encores le trafic se fait d'esclaues, & seruiteurs esperāt d'ē tirer plus de six mille pieces d'or: En ceste deliberatiō ie me mis sur mer, le vēt apres quelques iours nous ietta en la coste de Presange, où ie pris terre, & vins loger en vne hostellerie amenāt ma fille auec moi, l'ayāt mise au logis, i'eu enuie d'aller prendre langue & sçauoir des nouuelles, pour auiser à me gouuerner auec les marchāds du païs, touchant quelques marchandises que i'auois, & dont ie cuidois faire argent pour suruenir à mon voyage: Helas! à la malheure pris-ie terre, ayant fait quelques tours, & parlé à quelques vns, ie retourné à l'hostellerie où ie trouué vn grand peuple amassé, dont il y en eut qui vindrent à moy auec l'hoste, me dire, que ma fille estoit sortie du logis, & qu'il estoit passé vn gentilhomme bien monté qui l'auoit enleuee, sans qu'on eut peu y mettre ordre, tant cela fut fait diligemmēt. Ie me mis à lamenter ainsi qu'vn de ses peres, ne sçachant que faire: car chacun me disoit que la faute n'en estoit point à l'hoste, contre qui ie ne pouuois auoir action pour ceste perte: parquoy tout promptement i'allay, & veins m'enquestant pour auoir des nouuelles; mais ie n'ay rien sceu apprendre que ma perte. Il y en eut qui me dirent des enseignes apparentes, suiuantes lesquelles ie donné iusques à vn haure, où l'on me dit, qu'il y auoit eu vn personnage de la sorte que ie le demandois, ie trouué vn vaisseau qui estoit prest de suyure la mesme route, ie m'y embarqué, & le vent fut si bon, que le premier vaisseau moüilloit l'ancre ainsi que nous arriuions, ie vis le gētilhomme & la Belle qu'il emmenoit, mais ce n'estoit pas la mienne, bien qu'elle luy retirast & d'habits & de gestes, ie m'enquis de quelques vns qui elle pouuoit estre, & on me dit que c'estoit la fille du Duc de Pragence, qui luy auoit esté rauie par l'industrie d'vn magicien: cela ne me touchant point ie suiuis autres erres, & n'ay cessé depuis ce temps-là de tournoyer en cherchant ma fille par infinies terres, & bien que i'aye esté en plusieurs endroits, ie n'ay rien recognu de ce que ie cherchois, qu'en ce païs dont i'ay eu telles indices, que ie suis venu l'y chercher, & on m'a asseuré que faisant requeste à vostre Majesté, ie ne seray point frustré. Donques, Sire, ie vous supplie tres-humblement par vostre iustice mesme, qu'il me soit permis de recognoistre mon bien, pour en apres l'obtenir par vostre cōmandement. L'EMP. Il est equitable & ie veux que cela soit, parquoy prenez de ces officiers tāt qu'il faudra & recouurez ce qui est à vous, pourueu qu'en donniez si bonnes enseignes, que vous soyez trouué veritable. GVISDEE. Sire, ie vous remercie tres-humblement, sans que ie dōne tāt de peine à ces gens de bien, & sans que i'inquiete dauantage vostre Majesté, puis que i'ay vostre parole, & vous mō corps pour me punir si ie fay faute, ie vous dis qu'il y a là bas vn beau lieu, où est vne belle fontaine, dont est cōcierge vne qui se dit Fee, & vostre parēte, c'est elle, Sire, c'est elle mesme celle que ie cherche, & s'il vous plaist qu'elle soit appellee, sansqu'elle sache cet affaire, ie prouueray deuant vos yeux, qu'elle est ceste mienne tant & si long temps cherchee. L'Empereur oyāt cela se mit en colere: car il n'y a riē tant aisé à mettre en fureur & ire qu'vn cœur melancolique, & passiōné: parquoy tout à l'instāt il enuoya querir la Fee qui soudain arriua. Alors le marchād la prit par la main & luy dit, ha ma chere Hasebie, que tu m'as donné de trauaux, voilà, l'Empereur a iugé que vous reuiēdrez auec moy. Qui estes vous, dit-elle, ie ne vous cognois point. Sire, dit le marchād, qu'elle soit visitee à la cuisse gauche, & on y trouuera ceste marque, ce disant il presenta vn chifre d'or qu'il portoit, attaché à vne chesne d'or pendante à son escarcelle. La Fee vouloit debattre, le marchand insistoit, l'Empereur commanda que cela fut, à ce que s'il y auoit faute, le marchand qui s'y submettoit fut puni à l'instant. Les valets du marchand l'empoignerent & firent voir la marque, dont tout au mesme moment elle lui fut liuree, & soudain il la mit sur vn chameau & l'enleua, ses plaintes larmes & souspirs, ne seruirent de rien, & ses remonstrances inutiles ne persuaderent personne, & n'empescherent qu'elle ne fut tenue pour vne affronteuse, s'estant supposee pour la Princesse de Pragense: le marchand tira droit au port où vn vaisseau l'attendoit, il y mit donc la Fee sous le nom de Hasebie, le vaisseau estoit à la Royne de Sobare, & il reuenoit de Nabadonce querir du bois de Guiosulum, qui sert en medecine aux infirmitez, pour ausquelles suruenir les medecins enuoyent aux bains ou aux eaux: Le Capitaine du vaisseau auoit vn peu seiourné, pour faire plaisir aux Fortunez qui se descouurirent à luy, & le prierent de bailler à la Royne ceste demoiselle qu'ils luy enuoyent, luy disant qui elle estoit: mais qu'elle ne fit autre semblant que la tenir pour Hasebie, qu'elle en fit pourtant cas, & luy pleut la garder tāt qu'ils lui māderoyent le plaisir qu'ils desiroyēt qu'elle en eut. Le vaisseau parti, Viuarambe qui s'estoit ainsi deguisé en marchand, reprit en lieu opportun la figure de la vieille Lycambe, pour suiure le reste des affaires.

DESSEIN DIXNEVFIESME.

Vn Marchand fait present à l'Empereur d'vne figure d'argent qui declaroit le mensonge. L'Empereur en fait espreuue sur vne Dame, qui faisoit l'amour impudiquement, & sur vne qui estoit deuotieuse, & trouua la verité.

EN ce temps Caualiree deguisé en Marchãd, veint à la court, & se presenta à l'Empereur, ayant vne figure d'argent, faite de l'industrie que la sage dame Batuliree auoit enseigné à Fonsteland, & ayant salué l'Empereur dit, Sire, le recit que i'ay ouy de vostre vertu, m'a fait venir en ces contrees, pour vous voir & vous offrir vn chef-d'œuure admirable, qui est ceste pièce : par le moyen de laquelle, vous serez le plus contant Prince du mõde: car au mercredy, ayãt ceste bague au doigt medical, le chas tourné en la main & que la figure soit sur le buffet vis à vis de vous, si quelqu'vn parle à vostre majesté, & qu'il deguise ses affaires, ou contreuienne à la verité, la figure rira, & s'il dit vray, elle se tiendra ferme & constante, & en cela, Sire, vous pouuez vous asseurer, d'auoir le plus precieux ioyau du monde, il a esté fait par le mesme artisan qui forma la sphere de Leon Empereur de Grece, en laquelle on voyoit les conspiratiõs qui se faisoyẽt contre l'Empire Romain : Sire, ie vous laisse ceste figure à l'essay, afin que l'experience vous rende certain de sa valeur, ie m'asseure que l'ayant esprouuee, vous m'en ferez bonne & honneste recompense. Voyla aussi l'aneau qui conioint à la piece exquise, la fera cognoistre admirable. L'Empereur fut fort content de la bonne grace de ce marchãd, auquel il voulut faire quelque present & auance, mais le marchand lui iura, qu'il auouë de rien prendre de sa majesté qu'apres son parfaict contentement. Il le laissa donques aller auec beaucoup de caresses & de bõne chere. Il est bien difficile qu'vne Dame puisse longuement faire l'amour sans qu'on s'en apperçoiue, ou que pour le moins on n'en parle sourdement, mesmes il n'est pas aisé que les Dames sages puissent tousiours eschapper la calomnie. Ces deux exercices auoyent en ce temps là mis sur les rangs deux Dames de la court, lesquelles ne sçauoyent pas ce qu'on disoit d'elles, parquoy elles viuoyent à leur façon accoustumee; L'Empereur qui en auoit ouy faire des contes, par ceux qui prenoient plaisir à calomnier, desquels il estoit mortel ennemi, & que toutesfois il oyoit de loin à loin, plus pour euiter les grands maux, ou y prouuoir que pour plaisir qu'il y prit : ayant enuie d'esprouuer sa figure, il se mit à faire semblant de se delecter des propos qui offencent les Dames, parquoy aussi tost on lui conta tout du long, ce qu'on ne lui auoit dit que par hazard. L'Empereur faisoit quelquefois festin aux Dames, parquoy il en fit vn, où ces deux furent appellees, qui ne faillirent de s'y trouuer auec les autres qui aussi y vindrent auec leurs maris, comme l'Empereur l'auoit commandé; la resiouïssance fut grande & belle, & toutesfois l'absence de Lofnis & de la Fee, diminuoyent beaucoup la splendeur de la court, mais on n'en osoit parler. Quelque temps apres à iour propre, l'Empereur enuoya apres midy prier vne de ces deux Dames de le venir voir, & qu'il auoit oublié à lui dire quelque chose de consequence, dont il s'estoit souuenu: ceste Dame qui est la belle Promustee, supplia l'Empereur par son messager de l'excuser, à cause qu'elle n'osoit aller ny venir en l'absence de son mary, qui le matin estoit allé aux champs. L'Empereur luy remanda, qu'à ceste occasion il desiroit encor plus de parler à elle, & pourtant la prioit de n'en faire aucune difficulté. A la fin ayant beaucoup fait l'empeschee, elle pria quelques Dames de reputation ses voisines qui l'accompagnerent. Estans venues, l'Empereur les receut courtoisement, & prenant Promustee par la main, lui dit: On n'a pas alegué sans occasion, en disant que les belles se font prier, & bien ie n'en suis pas marri, ie ne contrediray point à la bonne antiquité, qui a recognu que cela ne leur vient que de grandeur de cœur. Promvstee, Sire, l'honneur est si delicat, qu'il y en a qui pensant le flatter le blessent, qui est cause que ie le desire conseruer, afin que l'on ne puisse rien m'imputer de desraisonnable. L'emper. Ie n'ay plus de femme il y a long temps, ma fille & la Fee ne font plus pour me tenir compagnie, il faut que vous qui estes belle, & accomplie & ornee de sagesse, ayez pitié de moy, & me visitiez en ma solitude, (l'Empereur auoit mis la Dame de sorte, que parlant à elle il pouuoit voir le geste de la figure,) ie vous en prie, & quelquesfois quand nous ferons la musique, pource que l'on m'a asseuré que vous y estes fort seure, & ie m'y delecte infiniment, & puis vostre belle voix donneroit l'ame à la beauté du chant, principalement quand vous chanteries quelque bel ær. PROMVSTEE, Sire, vous sçauez que la pudicité, dont nous faisons estat, est tant aisee à calomnier, que nous n'osons gueres laisser nos maisons en l'absence de nos maris, n'y hanter les bonnes compagnies sans eux, & encor moins poursuiure le bel exercice de musique qui n'est que pour les filles, & est mal seant aux femmes, qui ont le soin du mesnage, qui les destourne de ces belles gentillesses: parquoy, Sire, l'ayant discontinué, ie vous supplie m'en dispēser, ioint que ie crains les mauuaises langues, contre lesquelles ie me suis targuee, venant icy en la compagnie de ces Dames d'honneur, qui respondront de mes actions, & testifierōt de mon comportement en toute chasteté. Tandis qu'elle parloit à l'Empereur il auoit l'œil sur sa figure, qui rioit des yeux & de la bouche de si parfaite grace, que le ris ne pouuoit estre mieux imité. L'EMPER. Belle & sage Dame ie louë fort vostre bō propos, & serois marri qu'à mōoccasiō, il vous fut auenu quelque disgrace, vous en vserés comme il vous plaira, &

irés & viendrez auec toute puissance, liberté & seurté, par tout où i'ay pouuoir pour voꝰ y trouuer si vous le desirez, ou vous en abstenir s'il ne vous est à gré d'y venir. Ceste Dame prit congé de l'Empereur, qui la fit conduire ceremonieusement. Ce n'est pas tout, il faut sçauoir ce qui en est, & si la figure dit vray, parquoy il choisit entre toutes les Dames de sa court, & principalement des domestiques; la prudente Nospinee, à laquelle il fit entendre sa volonté clairement, & l'enchargea auec expres commandement assaisonné de prieres, de sçauoir des nouuelles de Promustee, & qu'elle y employast le verd & le sec, & que la recompense estoit preste: ceste Dame qui sçait la saincte intétion de l'Empereur se met en deuoir, & tout ce qu'elle peut, elle l'employe, & toutesfois elle ne sceut sçauoir autre chose, sinon que quand le mary de la belle estoit aux champs, elle se leuoit de nuict, & entroit en son cabinet, où elle se tenoit fort long temps, puis se reuenoit coucher, & quoy qu'elle tournast & virast ne peut descouurir que cela, qu'elle sceut de sa seruante, qui pour ceste cause l'estimoit la plus femme de bien du monde, pensant que ce qu'elle en faisoit, estoit de desplaisir de l'absence de son mary. Nospinee tres-accorte, remarqua l'endroit du cabinet, & se douta qu'il pourroit respondre quelque part, par où elle introduiroit aisément quelqu'vn, elle le recognut, & trouua qu'il donnoit à vne petite galerie perdue, au bout de laquelle y auoit vn petit escalier, qui respondoit au iardin, & là estoit vne petite porte sur la riuiere, ce qu'ayant descouuert, elle
s'accommoda

s'accommoda chez vne siene amie, où la nuict elle se tenoit au guet quand le mari de Promustee estoit aux champs: Elle ne fut pas trompee, car elle vid la Dame sortir du petit degré, & coyement aller à la porte du iardin, qu'elle ouurit & sortit, portant auec soy quelque chose: ayant bié espié, elle recognut que c'estoit vn petit basteau de sapin fort leger qu'elle mit sur la riuiere & la passa, & tira à elle son basteau, qu'elle cacha aupres d'vn buisson ; elle fut assez long temps, puis reuint tout doucement. Nospinee raconta à l'Empereur ce qu'elle auoit veu, & il en voulut auoir le plaisir, ce qu'ayant consideré, il se douta qu'il y auoit bien de la finesse, & dissimulation en ceste femme. Vn des Conseillers plus familiers & fideles de l'Empereur, celui presque qu'il aymoit le plus, estoit frere du mary de ceste Dame: il l'appella, & luy commandant de faire son deuoir, luy declare tout ce qu'il auoit ouy de Promustee, luy donnant charge de passer l'eau, & voir où elle alloit, & faire ce qu'il luy enseigna. Ce gentilhomme ne faillit pas à faire le guet de là l'eau, & vid sa belle sœur passer, & cacher son basteau, puis diligemment tirer à vn chemin, conduisant vers vne metayrie, dont il sortit vn homme, qui rencontrant la Dame la baisa, & prit par la main & la fit entrer en la maison, dont il ferma la porte. Cestuy-cy, selon l'enseignement de l'Empereur va au basteau, & y fait deux grandes ouuertures par bas, & il les reboucha de terre de potier bien nettement, & attendit la fin de la tragedie. La Dame reuint ayant fait son af=

M

faire accompagnee de son amy auec lequel elle discouroit d'amourettes: Or il brunayoit vn petit, tellement qu'ayant pris congé de luy auec gestes impudiques, & venant à son basteau, elle n'apperceut pas qu'on y eust touché, si qu'elle le prend, & le met sur l'eau & elle dedans, ainsi qu'elle fut au milieu de l'eau la terre fondit, & le basteau auec sa charge alla à fonds, ainsi la pauurette ne se peut sauuer, ains alla à val & fut noyee: le lendemain l'Empereur auerty de tout, ne voulut pas que l'affaire fut diuulgué, il manda au compagnon qui l'entretenoit, qu'il vint parler à luy, mais il auoit desia auisé à ses affaires, & s'estoit absenté, car dés le matin le bruit courut qu'on auoit trouué vne Dame noyee. Le corps fut porté en la maison, & sans scandale fut enseuely, pour ce que par l'aduis du conseiller il n'en fut rien recherché. L'Empereur asseuré de la bonté de sa figure sur vne meschante, voulant l'essayer encore, & faire tant que ce fust sur vne femme de bien, il s'aduisa de sçauoir premierement sur le subiect de l'autre Dame, dont on luy auoit parlé, laquelle estoit Flidee, belle & de bone grace, femme d'vn des maistres d'hostel de l'Empereur: vn iour assez beau que l'Empereur estoit en l'esperāce de voir bien tost la vieille Lycambe, & qu'il suiuoit curieusement son dessein & la figure d'argent, il enuoya vn gentilhomme à Flidee, qui la pria de sa part de venir passer quelques heures de recreation au palais, le gentilhomme la trouua trauaillant en vne pente de tapisserie auec quelques siennes voisines, passans en deuis le temps ioyeusement: si tost que le gē-

fortunez. Entreprise I. 179

tilhõme eust fait son message, elle laisse tout & vint auec luy, n'ayant autre compagnie qu'vne sienne niece qui la pria qu'elle la suiuist pour voir l'Empereur s'il y eust eu plus de chemin elle eust possible attelé son coche, & fait entrer auec elle ses demoiselles & filles de chambre. Estãt entree en la sale, l'Empereur la receut courtoisement & luy dist: C'est vous qui deuez estre bien venue par tout, puis que vos vertus esgallent l'apparence auec iugemẽt, & est ce qui me faict vous prier de venir icy quelquefois me visiter, afin que noº passions quelque agreable espace de temps aux beaux discours. FLIDEE. Sire, i'auray beaucoup d'heur, & receuray vn grand hõneur de pouuoir seruir vostre maiesté, quand il vous plaira m'en estimer capable: C'est vous, Sire, qu'il faut loüer pour vos vertus, sagesse & iustice, qui font que libremẽt on peut se trouuer où il vous plaira, mais i'ay vne crainte qui me retient, c'est que i'ay peur que voulant paroistre deuant vous pour vous obeir, voº ne trouuiez pas en moy ce que pour me gratifier, voº feignez y croire, toutefois puis que c'est beaucoup d'auoir tasché d'obeir à son prince, ie mettray peine de vous rẽdre tout le seruice que ie dois à vostre maiesté. L'Empereur ayãt la bague selon sa dispositiõ, cõsideroit la figure qui estoit si cõstãte, qu'il estoit auisã l'Empereur que la cõstãce fust nee d'elle, il s'esmerueilla, puis cõduisant ses discours iusqu'à la fin, il entreteint assez long tẽps la Dame, laquelle se retira fort cõtente de l'Empereur, lequel pourtãt veut sçauoir si la verité se rapporte à ce qui a paru. Il est certain qu'õ ne sçait riẽ des maisõs que par les domesti-

M ij

ques, parquoy Nospinée ayãt le cõmandemẽt de l'Empereur, fit exacte recherche des actiõs de Flidee, & n'en peut descouurir autre chose, sinõ que quãd se venoit minuict to⁹ les iours en tout tẽps, elle se leuoit & entroit en sõ cabinet, où elle se tenoit deux heures, puis retournoit: la sage Nospinee fit tout ce qu'elle peut apres ses imaginatiõs, pour descouurir quelq̃ chose, mais ce fut en vain, car il ne lui apparut signe aucũ d'autre circõstance: ce qu'elle declara à l'Empereur, qui voulut en auoir le cœur esclairci, si qu'il imagina en sõ cœur tout ce qui luy fut possible d'artifice, pour descouurir ce qu'il en estoit. Flidee venoit assez souuent au Palais visiter l'Empereur qui la caressoit humainement & honnestemẽt: puis retournant chez soy, viuoit à sa coustume: L'Empereur estoit en peine, desirant entendre la verité du comportement de ceste Dame, & comme il y trauailloit, le mary de Flidee arriua, & veint à l'Empereur, pour luy donner auis de quelques affaires, & aussi pour faire son deuoir. L'Empereur laisse couler vn iour: puis le lendemain trouuant Tinnonce, ce maistre d'hostel, mary de Flidee, le prit à part & luy dit, qu'il vouloit qu'il luy fit vn signalé seruice, quant mesmes il yroit du sien, & qu'il l'en recompenseroit, luy disant, Tinnonce vous sçauez que nous sommes hommes & non Dieux, & pourtant que nous auons de grandes passions, ausquelles si nous prouuoyõs, nous approchons de la Deité, i'en ay de terribles, ie desire y prouuoir par le moyen de mes bons seruiteurs, que ie nomme mes amis, du nombre desquels ie vous tien, vous sçauez que ie n'ay point l'ame feinte: parquoy vous deuez vous fier en moy, & m'obtemperer en ce que ie vous diray. Le gentilhomme bien nourri, respondit fort prudemment, & l'Empereur poursuiuit & luy dit, Ne vous ombragez pour chose que ie vous dise, mais attendez la fin. Adonques l'Empereur luy conta la vertu de sa figure, & le geste qu'elle auoit fait pour Promustee, & ce qui en auoit esté recognu, en apres luy deduit la contenãce qu'elle auoit mõstree pour Flidee sa femme dõt il desiroit scauoir la verité, lui disãt si elle est impudique, ce vous sera honneur si i'en fay iustice, ou que la faciez sous mõ authorité, en quelque sorte qu'elle reussisse, mais si elle est telle que ie la croy, ce voº sera & à elle, vne gloire eternelle, & vne bride à la bouche des insolentes ames. Tinnonce fut prest à tout ce que l'Empereur vouloit, ne disant pas ce qu'il pensoit, car tousiours le soupçon chet plus vers le mal que la bõne pensee vers le biẽ. Tout accordé, l'Empereur mãde à Flidee qu'elle le veint voir: si tost qu'elle fut au palais Tinnonce alla en sa maison, preparer ce que l'Empereur lui auoit cõmandé. Au bout du cabinet de Flidee, y auoit vne allee estroitte dans l'espoisseur de la muraille, par où on alloit à la chappelle, en vn petit endroit assez recelé, duquel on voyoit à bas ce qui s'y faisoit, & de là par vne petite eschelle qui se ioignoit cõtre la paroy, on pouuoit descẽdre à bas: ce gentilhõme seul visita tout assez diligẽment, & vid ceste petite eschelle entee dãs le mur, & retenue par le moyen d'vn petit verrouil & vn petit cadenas, il remit en son ordre tout & s'en retourna, ne laissant aucune apparence d'y auoir esté. Retourné, il trouua encores Flidee aupres de l'Empereur, vn peu apres elle prit cõgé. La nuict venuë l'Empereur sortit auec Tinnonce, afin d'estre apres minuict au lieu designé, où ils ne failliret pas, il y auoit plus d'vn cart d'heure que Flidee estoit entree en son cabinet selon la coustume: Elle ne demandoit point si son mari estoit venu ou non, elle sçauoit qu'il estoit le maistre, & elle à qui il ne contredisoit point, viuoit à sa maniere accoustumee. Estans là l'Empereur & le mari, ils fermerent la porte sur eux, & doucement ouurirent le cabinet & suiuãt la trace recognue, allerent tant que le sentier les peut porter, & par vne fausse grille regarderent en bas & virẽt la Dame agenoux lisant dans vn liure de prieres, ils s'opiniastrerẽt, encor qu'il leur ennuyat pour voir ce qui auiendroit, & eurẽt patience tãt qu'elle eut fini, alors elle serra son liure se leua coyemẽt & s'en retourna coucher, le mari sans faire semblant veint à la chambre, & parla à elle, puis ainsi qu'ils estoiẽt venus, l'Empereur & lui s'en retournerent contans & ioyeux de ceste belle verité.

DESSEIN VINGTIESME.

L'Empereur fait venir à luy sa fille Losnis & parle à elle: aussi elle luy respond sagement. L'Empereur consideroit la figure, & sur son geste il eslargit Losnis & la mit en vne tour plus agreable.

Toutes ces differentes affaires, ces diuersitez inopinees, & beaux essais, destournoyent vn

fortunez. Entreprise I. 183

peu l'Empereur. Mais l'amour ne laissoit pourtant de venir aux remises & l'affliger, tant il a de pouuoir sur les cœurs de sa domination: Les perfections d'Etherine, ses belles graces & l'excellence promise à l'vnion de ce parfait objet, perdoit l'ame de cet amant, qui se resouuenant de son indiscretiõ, ressent les pointes de son ennuy trop plus violentes, & ce qui le tue est, qu'il possedoit son bien, & il ne l'a pas cognu, toutesfois il se console par espoir sur le retour de la sage Lycambe qu'il attend, & en ceste attente poisant le malheur de tous les autres, au poix du sien il se souuient de sa fille la desolee Losnis, miserablement enclose en la tour determinee, & puis il se represente la perte de la Fee, que sa iustice & promptitude lui a arrachee de la main, aussi brusquement que sa fureur a perdu les Fortunez: Il est en vn trouble tant espois, qu'il ne se peut resoudre, & n'a presque plus de finale esperance, & sans l'asseurance qu'il a en Lycambe, il se determineroit à perir. C'est la reprise de ses discours: il s'auise d'auoir pitié de sa fille, ou bien de la punir, afin qu'il n'y songe plus, & pensant à sa figure en veut voir l'effect sur elle: il enuoya donc querir Losnis, qui venue deuant luy se ietta à ses pieds, le suppliant d'auoir pitié d'elle, il lui dit, Losnis, la faute que vous auez cõmise est si grande & excede tant toute autre espece de preuarication, qu'elle vous fait meriter vne punition notable & extreme, mais ie n'ay pas voulu m'exercer sur vostre meffet, vous chastiant en Prince offencé, mais comme pere simplement fasché de vostre insolence, qui possible

M iiij

eut esté pardonnable si en vostre machination il n'y fut allé que de vostre particulier interest. Quoy? mon septre, mon honneur, mon estat, & ma vie, estans exposez au dernier hazard par vostre ministere, y auroit-il moyen que vous peussiez obtenir pardon? Il n'y a pas aparece: & toutesfois ie vous en veux faire ressentir quelque estincelle: Et pource aussi affin que ie m'encline de tant plus à vous demonstrer ma clemence, confessez moy la verité de l'entreprise des Fortunez, & quelle conspiration vous auiez faicte, declarez le moy nuemét sans crainte & sans fard. Et ie voº promets de ne passer plus outre, à plus grande punition vers vous, descouurez moy aussi l'ordre & le moyen que vous deuiez tenir à l'effet de vostre coniuration, & comment ils se deuoient emparer de ma couronne, i'ay sceu vne partie de ce qui en est, parquoy ie les ay punis, non selon leur merite, mais en ma debonnaireté. LOFNIS monsieur tout ce qui m'est auenu par vostre commandement, m'est supportable, pour ce ie croy que vous vous y estes comporté selon vostre equité, par laquelle vous rendez iustice aux estrangers, & aux vostres, ausquels sur tout à moy, ie sçay que vostre misericorde s'estēd liberalement; ie suis indigne de me presenter deuāt vos yeux, & toutesfois ie suis vostre tres-humble fille, qui ay sans cesse mis peine de viure auec toute la reuerēce que ie voºdoy, ie vous inuoque à croire ceste verité, que c'est de vostre bouche & seulemēt à ceste heure, que i'ay ouy ces premieres nouuelles d'entreprise tēdāt à trahisō, ou cōiuratiō qui ait esté brassee par mon moyē ou mō sçeu, & i'espere que vous croirez que ce que lon vous a fait entendre, sauf l'honneur que ie doy à vostre Maiesté, est vne pure calomnie, & vn crime faussement imposé à des innocens, maudites soient les langues qui ont osé proferer ce mensonge à vos oreilles: car ie vous proteste, & est vray, que ie n'ay recogneu aux Fortunez que tout desir de vous faire tref-humble & fidele seruice, à quoy ils s'efforcoient, ne meditans autre chose, c'est ce que ie leur ay tousiours ouy dire, & n'auons eu autre entreprise ensemble, que le soin de vous seruir, à quoy de mon pouuoir ie les excitois, leur monstrant pour ceste cause toutes les faueurs qu'il m'estoit possible. Bien vous diray-ie la faute que i'ay commise la confessant pour faute si telle elle est, & vous requiers en toute humilité ne me l'imputer à meschanceté, d'autant que il n'y en a point en ce que i'ay faict, aussi ay-ie le cœur net, n'ayant transgressé, qu'en suiuant les petites familiaritez que nous practiquons à la Court auec honneur, suiuant les coustumes qui estoient en vigueur durant la vie de feu l'Imperatrice Madame ma mere. Me trouuant souuent à la fontaine auec la Fee complice vnique de mes deportemens en ce fait, & quelques autres Dames où vostre plaisir vous amenoit quelquesfois, nous voyons les Fortunez, dont nous auions fait cas à cause de l'estime que vous en faisiez, & puis nous les aymasmes d'auantage pour leurs merites, selon lesquels nous eusmes opinion de leur valeur, & enfin voyans que vous les affectionniez, nous en fismes plus d'estat: si que les cognoissans fort accomplis, nous les aymasmes, &

en ceſte humeur ie pris plaiſir à entretenir Fonſteland, qui plus que les autres me monſtroit de l'affection, ſe delectant à me ſeruir, & és parties de gentilleſſe que voſtre Maieſté aduoüoit, il paroiſſoit ſur tous pour l'amour de moy : parquoy à ſa requeſte, & ſelon nos agreables couſtumes, ie le receu pour mon Cheualier, le gratifiant de ceſt honneur pour le ſtimuler de plus en plus à voſtre ſeruice, qui eſtoit ma ſeule pretention, iuſques à ce que les affaires en determinaſſent autrement par voſtre volonté, & puis pour reſpect quelconque, ie ne m'affectionnerois aucunemét de ce qui ne ſeroit de ma qualité. En ceſte frequentation qui nous eſtoit permiſe & ordinaire, ie paſſois quelques heures de recreation, & meſme la derniere fois que ie vy les Fortunez, ce fut à la ſuaſion de ma couſine Epinoyſe, qui nous preſſa extremement de nous aſſembler au petit iardin que vous m'auez donné, & là ie me proumené auec Fonſteland tandis que la Fee & les autres eſtoient ſous le iaſmin, s'il vous plaiſt luy demander, elle le dira. Et elle qui eſt induſtrieuſe, inuenta vn ieu comme ſouuent, afin que i'euſſe le contentement d'entretenir long temps ce bel eſprit. Et c'eſt la plus grande familiarité que i'eûs oncques auec luy, & eſt toute l'affaire & toutes les practiques que nous auons enſemble : Et s'il y a autre peché en moy, & ſi i'ay penſé contre l'hõneur, & ſi i'ay ouy propoſer choſe preiudiciable à voſtre ſeruice, ie deſire que la vie me ſoit incõmodité, voſtre grace me ſoit ruine, & que la lumiere me ſoit tournee en horreur & tenebres. Et vous demandant congé d'en iurer, ie vous iure sur mon ame, en la fidelité que ie vous doy, que ie suis innocente, hors-mis en ce que ie vous vié de descouurir & confesser de la grace permise à ce gentilhomme, en quoy ie n'ay rien commis qui puisse troubler les moindres de vos pensees ou affaires. L'Empereur escoutoit sa fille, & consideroit attentiuement la figure de verité, qui persistoit constante, dont il se trouua en vne perplexité assez difficile, & ruminoit les troubles de só entendement auec des fantasies tant inesgales, que presque sa resolution s'escouloit. En ceste necessité pour ne paroistre defailly de grandeur & de cõseil, car il cognoissoit l'esprit de sa fille, il luy dit, Vous deuiez auoir plus d'esgard à vostre rang, & ne falloit pas vous rendre si familiere à des estranges. A cause de la iustice ie ne me puis retracter, vne autrefois ie vous oyray pour m'asseurer de la verité de vos paroles. Le temps, vostre constance, & ma bonne fortune ameneront tout au point certain: Et afin que ie vous donne espoir de mieux & courage de m'en declarer d'auantage, ie ne vous renuoyeray pas en la Tour determinee, mais en celle du hault iardin de plaisance. Ie vous commande d'y demeurer, vous defendant d'en sortir sans mon congé, ie ne vous donneray garde que vostre propre innocence, si vous l'auez, & l'obeissance que vous me deuez, ie ne veux pas mesmes que vous descendiez au iardin, demeurez en la Tour, & au hault faictes y vos gentillesses, ayez là vostre cabinet & petits meubles de plaisir, & qu'il n'y ayt que la iardiniere qui aille à vous: ie veux bien que vous choisissiez deux de vos filles, les plus propres à vous seruir &

tenir compagnie, lesquelles par vostre commandement iront & viendront au iardin, mais qu'elles se gardent bien d'aller sur la terrasse, car ie ne veux pas qu'on les voye: si elles y vont, ie les feray punir & vous les osteray. Aduisez à garder ceste loy sur vostre vie, car en l'obseruation d'icelle est vostre bien, en la transgression vostre ruine: celà dit, il la renuoya. L'Empereur ne se print point garde, que quand il dit à Losnis qu'il ne se falloit pas rendre si familiere à des estrangers, qu'elle repartit hūblement, Les Princes ne sont point estrāgers, car cōme il l'a dit, il estimoit qu'elle dit que les Monarques reçoiuent toutes sortes de personnes non en estrangers, ains en suiets, ou amis & seruiteurs. La tour où Losnis fut enuoyee est fort haute, & spacieuse, ayant au haut vne belle platte forme, où elle fit faire vn beau iardin: ceste tour auoit vne belle veuë sur les champs, & sur le iardin du costé du Palais, Losnis estant là resoluë d'attendre & d'obeyr, infiniment affligee de la perte des Fortunez, ne s'ē pouuoit consoler: Elle auoit parauant pensé que l'Empereur eust descouuert son amitié auec Fōstelād, & que pour ce seul suiet il l'eust destournee, indigné qu'elle se fust accostee d'vn hōme de peu, mais ayāt ouy parler de trahison, & de la perte de celuy qu'elle aymoit, & de ses freres, elle fut touchee dans le plus mignon lieu du desplaisir, lequel desplaisir égale ou possible surpasse celuy qui separe l'ame du corps, & en ceste desplaisance se resolut de finir esteinte par son dueil.

DESSEIN VINGT-VNIESME.

La tour de l'exterminee faite par la Royne Ardelise, qui y extermina ceux dont elle auoit esté offencee. Lofnis estant là confera auec Fonsteland par des bouquets bien faicts. Sa resolution auec le Fortuné.

IL n'y auoit pas long temps que Lofnis estoit en sa retraicte, que Fonsteland arriua en habit & visage desguisé, & comme gentil petit mercier vint se loger aux faux-bourgs de la ville, sur la ruë par laquelle on alloit au iardin, & où il pensoit auoir des nouuelles de Lofnis, & luy vint à propos prenant l'vn pour l'autre sans y penser, ioinct que son frere luy auoit dict, que Lofnis estoit en la tour du iardin, nommant la tour determinee, & il entendit la tour de l'exterminee, ainsi estoit nommee la tour où Lofnis fut renuoyee: Ceste tour fut bastie par vne Royne de Sicile, qui vint en Glindicee, & par sa science y attira tous ses ennemis qui y furent exterminez & elle aussi: Ce qu'elle fit expres, afin qu'elle eust le plaisir de voir perir ceux qui l'auoient ennuyee, ce qu'estant auenu & elle consolee, son ame se retira toute satisfaicte. Ceste Dame estoit la belle Ardelise, qui demeurant heritiere de Sicile fut recherchee de plusieurs Roys, qu'elle refusa, pource qu'elle dédaignoit la domination d'vn homme, en ce dédain elle s'addonna aux sciences, & pour y vacquer à plaisir & loisir, elle institua vn vice-Roy en ses terres & Seigneuries, qu'elle y laissa, & vint en France voir les Druydes, dont il y a encores quelques restes. Elle apprint d'eux infinis secrets, où elle prenoit tant de plaisir, que la pluspart du temps elle ne bougeoit de son cabinet, s'y entretenant auec vne liesse extreme. Les langues malignes en parlerent impudiquement, & si auant à cause de la hantise familiere auec quelques galãs Philosophes, que le bruict qui en fut faict deuint le conte des iaseurs; ce qui alla à telle consequêce, que les plus grands s'en dõnoient des gorges chaudes, & iouoiét par risees de son honneur cõme d'vne ballotte cõmune. Le Roy qui estoit iuste & desiroit sçauoir la verité prit Ardelise à temps & lieu propre, & luy dit le bruit qui couroit d'elle, dont elle se iustifia fort bien, & de telle sorte que le Roy creut qu'elle estoit innocente, & que l'on la calomnioit. Elle qui auoit du cœur ne voulut pas laisser celà impuni, parquoy elle demanda iustice, & y employa biens & credit, mais elle ne peut rien obtenir, à cause que les grands s'entresoustenoiét, & par prieres on amortit l'affaire le plus qu'il fut possible, & n'y eut que quelques petits malheureux qui furent legerement chastiez. Mais elle ne se cõteta pas, si que trop irritee, pour venir à bout de son intention se retira de Frãce & vint en Glindicee, où elle fut fort bien receuë de l'Empereur de ce temps là, que par tout on nommoit le Magnifique; mesmes il la voulut gratifier de son aliance, si elle eust voulu: Elle le remercia, luy faisant entendre que ses conceptions la tiroient à quelques effects qui l'en destournoient: cependant elle luy fit present d'vn tresor signalé, & pour tout ne le requit que d'vn don, qu'il luy accorda. Ce fut qu'elle eust la place de ceste tour, qu'elle y fist bastir d'vne bonne estoffe, & si promptement, que la merueille en parut presque plustost que le dessein n'en fut diuulgué. Estant là à son plaisir, & y passant le temps à son gré, elle y faisoit accueil à toutes sortes de gens d'esprit, tant du pays que d'estrangers, mesmes souuent l'Empereur la visitoit, tres-content d'vne hostesse tant excellente. Or s'estant accommodee de tout ce qui luy estoit necessaire, elle fit vn traict surmontant toute opinion, car par vne force non cogneue aux mortels, elle fit si bien, & auec tel art, que tous ses ennemis vn à vn la vindrent visiter, ce contentement luy estoit grand de voir ses aduersaires auec grands fraiz & peines la venir trouuer, elle les logeoit tous en la ville, & les retenoit sans qu'ils eussent enuie de s'en retourner, quand elle les eut tous assemblez, elle leur fit voir l'honneur que l'Empereur luy rendoit, leur donna le plaisir des beaux lieux du pays, & leur fit entendre sa pieté particuliere, puis les fit tous venir à vn banquet qu'elle leur auoit preparé en la tour: Apres lequel elle leur fit vne harangue, par laquelle elle leur remonstra leur impieté, ayant meschamment & sans cause mal parlé d'elle, & d'infinies Dames, & en les tançant leur dit qu'il falloit qu'ils se resolussent de sentir en eux-mesmes le mal que cause la dent enuenimee: ce disant elle ietta vn bouquet sur la table, & dit, Voila le guerdon du plus iuste:

puis elle sortit & ferma la chambre sur eux, il est à presumer que ce fut à qui auroit le bouquet, mais la fin a esté comme il a paru par les marques qu'ils s'entrefirent auec les dents les vns les autres, en tant de parties de leurs corps, qu'elles en estoient deffectueuses, & de la douleur qu'ils sentirent, ils monterent au hault de la tour, dont ils se precipiterent en bas & moururent, & ainsi furent exterminez, & auec telle marque de malheur, qu'au lieu où ils tomberent ne croist herbe quelcōque, & la terre y est comme vn sable vitrifié. Ardelise vengee, acheua ses iours dans la tour, dont depuis elle ne bougea, son corps y fut enseueli par ses filles, & y est sās que lō sçache l'endroit, & dit-on que qui le trouuera, rencontrera vn thresor inestimable. Fonsteland donc vint & s'arresta en ce quartier là pour tascher à sçauoir des nouuelles de Lofnis : Car ayant sceu suyuant l'artifice de Lycambe, ce qui s'estoit passé, luy ny ses freres ne vouloient rien tenter sans aduertir la Princesse, ou sçauoir sa volōté: S'ils eussent voulu faire la guerre pour la deliurance de la Dame accusee à tort, ils auoiēt Royaumes & gens à leur cōmandement, mais ils ne vouloient rien faire, ny entreprendre qu'elle n'en eut cognoissance, & n'en determinast. Vn iour que ce marchand auoit estallé plusieurs petites gentillesses la iardiniere passa par là & marchanda quelques petites ceintures, le marchand la langaya, & sçeut qui elle estoit, parquoy il luy fit bon marché de ses babioles, & luy en monstra encor d'autres, & entre celles là des bouquets de fleurs contrefaites, la iardiniere les voyant si beaux, luy demanda

qui

qui les auoit faits, il respond que c'estoit luy mesme, & qu'il en feroit bien encor de plus beaux, & de vrayes fleurs si elle luy en vouloit apporter, ils eurent plusieurs petits propos ensemble, tellement que depuis la iardiniere prenoit plaisir de aller souuent le voir. Vn matin elle alla trouuer le marchant & luy dit qu'elle auoit quelque chose de secret à luy dire, & il luy respondit qu'elle pouuoit librement & secrettement luy communiquer tout ce qu'elle voudroit. LA IARDINIERE. Ie suis en vne grand' peine dont vous pouuez m'oster, s'il vous plaist, & croyez que ie le recognoistray, il y a vne femme de la ville qui veut estre en ma place, & fait ce qu'elle peut pour y estre, & elle en a tant faict parler, que l'Empereur le veut bien, & l'a commandé à sa fille, qui est la pauure Lofnis prisonniere en la tour: Et pource qu'il y a long temps que ie la sers, elle ne desire pas que ie sorte, parquoy elle a tãt fait que l'Empereur a ordonné, que celle qui feroit mieux en bouquets d'elle ou de moy, seroit iardiniere pour tout le reste de sa vie. LE MARCHAND. Aportez moy des fleurs & vn bouquet qu'aura fait vostre aduersaire, & ie feray quelque chose pour vous. LA IARDIN. Madame sera iuge des bouquets sans sçauoir qui les aura faits, & il y aura vne Demoiselle qui les prendra sur vne table d'ardoise, & les luy portera. LE MAR. Mais ne me sçauriez-vous donner vn bouquet de l'autre? LA IARDIN. Si feray bien, car nous en faisons deux, & ie luy en bailleray vn des miens, & elle me baillera vn des siens, & les deux autres feront pour estre iugés, & ie vous apporteray tantoſt celuy qu'elle me baillera ou enuoyera, car i'ay baillé deſia le mien à ſon fils dés ce matin, & demain i'expoſeray l'autre. La iardiniere s'en alla en ſa maiſon & trouua le fils de l'autre qui luy apportoit le bouquet, qui à dire vray eſtoit bien faict : Elle le prit, & ſi toſt que le compagnon s'en fut allé, elle vint trouuer le marchand, le priant qu'elle eut le ſien du matin. Le lendemain la iardiniere vint querir le bouquet & le trouua faict d'vne bien plus habile ſorte que celuy de ſon ennemie & le ſien : Elle le poſa pour eſtre iugé. Les bouquets eſtans deuant Loſnis, elle les viſita, & ſentit en ſon cœur vn certain mouuement, pour vne marque qu'elle vid en vn des bouquets : parquoy elle les prit & dict, ie les viſiteray, puis i'en diray mon aduis tantoſt. Elle entra en ſon cabinet, & viſitant le bouquet dont elle ſe doutoit, en oſta quelques fleurs ſuperflues, & ſurſemees, puis elle vid ſon pourtraict naifuement, faict és agencemens des fleurs, celà eſtoit faict ſelon vn artifice qui n'eſtoit commun qu'à elle & à Fonſteland, qu'il luy en auoit donné l'enuie, & l'auoit depuis ſi bien practiqué, qu'elle y eſtoit auſſi experte que luy : cela fit qu'elle ſe douta de quelque bien, & que ſon Fortuné n'eſtoit gueres loin, apres auoir remis les fleurs elle enuoya les bouquets à l'Empereur, qui auec le iugement de Loſnis ordonna que celle de qui eſtoit le bouquet marqueté fuſt iardiniere : Et il ſe trouua que c'eſtoit celuy de l'ordinaire, qui fut cõtinuee, dequoi ioyeuſe elle vint à Loſnis, afin auſſi de luy demãder confirmatiõ, & s'il luy eſtoit agreable, car ainsi l'auoit dit l'Empereur: Losnis dit à la iardiniere qu'elle luy baillast son bouquet, ce qu'elle fit, & puis adiousta qu'elle desiroit en veoir encor, & qu'elle ne la receuroit point si elle ne luy en faisoit vn qui fut mieux faict qu'vn qu'elle feroit, & que pour cest effet elle luy apportast des fleurs. La iardiniere se fiant au marchand, apporta des fleurs à Losnis, laquelle fit vn bouquet, & le bailla à ceste femme qui alla aussi tost à son marchād: quand il le vid il fut asseuré: Amans qui auez gousté de telles delices és fleurs de vos affectiōs, iugez de son contentemēt, & considerant la douce ioye de son ame, ayez à gré qu'il se console de ceste bōne aduāture. Il osta cinq roses & vid le pourtraict de Fonsteland, auec ce plaisir il assembla les fleurs & fit vn bouquet, où le pourtrait des deux estoiēt en moins de place, puis le matin il le bailla à la iardiniere, qui le presenta à Losnis, laquelle le tenant à part soy, osta les vnze fleurs inutiles, & vid les deux pourtraicts qui l'asseurerent de ce qu'elle pensoit: Elle appella la iardiniere, & luy dit qu'elle la confirmoit à la charge d'vn bouquet qu'elle feroit encores, apres vn de sa façon: cela fut bien aisé à accorder. Losnis ayant des fleurs fit son bouquet qu'elle bailla à la iardiniere, qui eut son recours au marchand, qui le voyant en son particulier apres auoir osté les fleurs du different, vid la figure de la tour & sa maistresse au haut. Il repara le mesme bouquet, & ayant appliqué le desguisement le bailla le lendemain à la iardiniere, qui l'apporta à Losnis, laquelle le prit, & loüa fort l'industrie de la iardiniere, qui fut fort aise d'estre aux graces de sa maistresse. La Princesse estant en son cabinet, leua les fleurs supposées, sous l'vne desquelles elle trouua ceste lettre.

Ma Princesse, mon vnique vie, a deploré la misere où vous estes à nostre occasion sans que nous en soyons cause, & toutesfois ie me console en ceste affliction, esperant que le ciel aura pitié de nostre souffrance, ie m'asseure desia puis que i'ay l'heure de pouuoir entendre vostre volonté, & que ie cognoy que vous n'auez pas mis en oubly celuy qui ne respire autre bien que l'heur de vostre contentement, vous sçaurez que ce qui s'est passé de mal contre nous a esté par l'artifice de la Fee Epinoyse, laquelle est auiourd'huy entre nos mains, pour receuoir telle punition que vous voudrez, & sommes deliberez de mettre ordre à vos affaires selon qu'il vous plaira: aduisez s'il vous sera agreable, que nous venions icy auec forces pour vous deliurer, ou si nous choisirõs autre voye, d'autant que nº ne ferons que ce que vous desirerez : pensez doncques à nous donner le commandement de ce que vous auez deliberé. Cepẽdant vous que mon cœur honore comme l'vnique esperance qui me tient en estat, fauorisez vostre deuot, de la belle memoire que vous luy auez faict paroistre ces iours passez par les beaux caracteres que vos doigts mignons en ont tracés. Bon soir Belle de mõ cœur, astre de mon bien, & terme de ma gloire.

Au bas de la lettre y auoit, Mettez la response en vne pierre verte qui tiendra à vne ficelle que laisserez couler doucemẽt au pied de la tour à ce soir, & ie la recueilleray, & au lieu ie mettray nos aduis.

Lofnis ayant veu ceste lettre fut fort contente, & la lisant & relisant, aprenoit vne auanture que elle n'eust iamais pensée: aussi estoit elle merveilleusement estonnee de ce que la Fee n'auoit tenu aucun conte d'elle: il est vray qu'elle pēsoit par fois que l'Empereur le vouloit ainsi, mais ores qu'elle void clair aux affaires, elle s'asseure & change les desseins qu'elle auoit premeditez pour sa deliurance, & sur sa resolution fit ceste responce.

Le deuoir que vous m'auez fait paroistre me continue la certitude de vostre affection vertueuse & veritable, que vous trouuerez tousiours reciproque en moy, & d'autant que ie sçay bien que vos paroles s'esgalent à la verité, ie m'asseure que vous ferez ce que me promettez: parquoy ie vous prie par le plus agreable de vos desirs, que vous faciez auec l'Empereur en sorte qu'il soit repentant de nostre mal, & content en son affaire, sans qu'il courre fortune, que la douceur soit vostre force, l'humilité vostre entree, & le bien que vous me voulez soit la cause, qu'oubliant vostre ennuy vous procuriez sa commodité. Quand le temps & l'honneur le commanderont, ie vous rendray preuue certaine de l'amitié que ie vous doy: aduisez donc à paruenir à quelque belle fin, au contentement de nous tous, à ce qu'ayans du plaisir d'vne sorte, ie ne ressente aucune disgrace de l'autre, mais toute liesse par vostre moyen, ce qui me redondera à perfection de felicité, pource que ie ne fay estat d'autre bon-heur que de celuy qui vous est preparé.

Fonsteland ne faillit à faire responce, aussi Losnis donna ordre de la pouuoir tirer, & ainsi ils communiquerent par mutuels escrits, conferans de leurs affaires, & comment ils se gouuerneroient, & auec asseurance reciproque il partit

N iij

pour aller trouuer ses freres, prenant congé de sa Dame qu'il laissa en meilleure esperance.

DESSEIN VINGTDEVXIESME.

Lycambe parle des Fortunez à l'Empereur, & apres plusieurs conseils. & espreuues il consent au vouloir de la vieille. Dés l'heure il mit Losnus en liberté. Les Fortunez vindrent au temps promis, & l'Empereur les reçoit amiablement. Le voyage à l'hermitage d'honneur est conclud.

LEs Fortunez ayans aduisé à ce qu'ils auoient conclud, vindrent à Beloir, estans desguisez selon les personnages qu'ils vouloient representer. En ceste sorte Lycambe se vint presenter à l'Empereur, mais auec obseruation exacte de n'y venir qu'au iour que la belle figure ne decelloit rien. Estant pres de sa Maiesté, elle luy dit, qu'elle auoit vn secret de consequence à luy cõmuniquer, sur ce qu'elle luy auoit promis, Sire, dit-elle, il faut qu'en toutes nos actions, nous taschions à faire si bien, qu'il ne demeure rien en arriere pour le succez entrepris, & pource en affaire il conuient mettre tout sur le tablier. Quand ie vous auray monstré le moyen de vous rendre cõtent, vous mesmes, & que vous serez prest à l'effectuer, s'il vous suruient vne disgrace, vous m'estimerez trompeuse, & que ie n'auray voulu que gaigner le temps. Ce que ie vous dy est pource qu'à ceste heure ie sçay fort bien l'ordre qu'il faut tenir pour la paix de vostre esprit touchant Etherine, mais ie sçay que l'on vous prepare vne grande affaire, si vous n'y prenez garde, vous auez eu icy aupres de vous trois freres dits les Fortunez, lesquels vous auez à tort mal menez, il y en a deux qui se sont eschappez, & ont fait auec leurs amis de Sobare, & Quimalee, & autres Royaumes telle alliance, moyennant la descouuerture qu'ils ont faicte d'vn pays riche, & de grãde estenduë & facile à cõquerir, dont ils les recõpenseront, qu'ils mettrõt vne armee fort grande pour aller à ceste cõqueste, ils sont prests, & leur deliberation est de moüiller l'ancre en vos costes, & vous venir demander leur frere, & quant & quant raison de la trahison qu'on a brassee contre eux, ils ne pretendent rien contre vostre personne, ains seulement contre leurs ennemis, cecy est prest, il est vray que si vous voulez voir les deux Fortunez paisiblement, & leur declarer les autheurs de leur mal, ils se fient tant en vous, qu'ils viendront à vostre parole, ils desirent, Sire, d'estre satisfaicts, car ils sont innocens & vos seruiteurs, & pour le vous faire paroistre, ils se presenteront deuant vous en tel estat qu'il vous plaira, à condition que Madame vostre fille soit deliuree, car elle est innocente: ils le sçauent bien, Sire, car de fortune la Fee est tombee entre leurs mains, qui leur a confessé que vous estiez trompé par quelque flaterie qui vous auoit supposé des faucetez, sur lesquelles vous auiez pris occasion de perdre les Fortunez. L'EMP. Vous n'estes plus medecine vous estes conseillere d'eſtat: Ie vous diray, ſi les Fortunez ont quelque choſe à me demander par les armes, i'ay aſſez de valeur & de force pour leur reſiſter, & rabatre leur impudéce: mais s'ils ſe veulent iuſtifier de ce dõt on les a accuſez, ie ſuis preſt de les ouyr en l'eſtat qu'ils choiſirõt. LYCAMBE. Sire, quãd voˀ ſçaurez tout, vous iugerez que lon leur a fait tort, & pour ce qu'ils ſont innocens, ils veulẽt biẽ venir à vous ſur voſtre parole, afin que vous ſoyez leur iuge. Si vous ne le deſirez, ils paſſerõt outre, car voˀ ayans aymé, ils ne peuuẽt que vous aymer touſiours, ils ne taſcheront point à vous offencer, ains à ruiner ceux qui les ont voulu perdre mal à propos, en vous ruinant auec eux: ſi vous les receuez, ils peuuẽt voˀ faire plus de ſeruice que vous ne leur ſcauriez faire de mal. L'EMP. Vous m'auiez promis gariſon, & vous me bleſſez. LYCAMBE. Sire, ie vous en demande pardon, & me retire de peur de vous offencer d'auantage. L'EMP. Il n'en ſera pas ainſi, ie vous honore trop, mais parlez libremẽt, & ne tenez point mon cœur en ſuſpens: On m'a ſouuent donné de telles feintes pour me reſiouyr, & ie les trouuois bonnes. A dire vray, ie croy, ſi ma fille eſt veritable, que les Fortunez ſont innocẽs s'ils viuẽt, s'ils ne ſont plus ils en ſont cauſe, ils deuoiẽt preuoir à leur mal en preuoyãt au miẽ. S'ils ſont viuans, & qu'il ſoit vray qu'il n'y a point de coulpe en eux, qu'ils viennent hardiment, qu'ils m'en eſclairciſſent, ie ſuis Prince de foy, ie mourray auant que me retracter, & ie les receuray comme mes enfans, & bien-faicteurs, que s'il y a du tort en eux qu'ils y aduiſent, i'ay aſſez de pouuoir pour reſiſter à tous leurs amis,

Lycambe vous ne parlez plus en malade, vous dites en Empereur: Non, Sire, non laissez vn peu la couronne aupres de voſtre cheuet, & comme ayant affaire de moy resoluez vous. S'il vous plaiſt que Madame vienne icy, qu'elle me iure que les Fortunez ſont innocens, & que vous me commandiez de les vous repreſenter, ie vous promets que vous les verrés, & que vous en aurés vne ioye accomplie. L'Empereur commanda qu'on enuoyaſt appeller Loſnis, & cependant il diſputoit contre Lycambe, laquelle mettoit tout le ſecours de l'Empereur en la dexterité des Fortunez. Loſnis entra deuant l'Empereur, auec les femmes du Coneſtable, du Chancelier, & quelques Princeſſes qui auoyent paſſé deuant, pour preparer l'Empereur. Eſtant venuë, on la fit vn peu attendre: d'autant que l'Empereur auoit enuoyé querir les plus ſignalez de ſa court, qui s'aſſemblerent, tandis qu'on alloit à la tour du jardin, & le conſeil n'eſtoit pas fini: ceſte aſſemblee fut ainſi ſoudaine, car en telles affaires il en faut faire de meſme: Quand ils furent preſens, l'Empereur parla ainſi: Ie vous ay fait icy venir, pour m'eſclaircir le cœur d'vne doute, & pour auiſer s'il eſt beſoin, à la ſeurté de mõ eſtat. Vous ſçauez que i'ay eu icy n'y a gueres les Fortunez: dont vous auez peu voir la capacité, vous auez auſſi ſceu comme ie les ay traitez: la peine que ie leur ay fait porter comme à ma fille, n'a donné peur à aucun, ſi que depuis ie n'ay peu ſçauoir ny entendre qui ſont leurs complices: Ie vous diray ſ'il y-a quelqu'vn qui ait intelligence auec eux, qu'il le die, & ie luy pardonne, dés ceſte heure, que s'il craint qu'il se retire, ie ne le feray point poursuiure. Ceux qui en sçauront quelque chose, qu'ils le disent & i'y mettray ordre leur pardonnant. Tous les assistans iurerent n'en auoir iamais ouy parler, & de fait qu'ils ne sçauoyent que c'estoit, & que par tout l'Empire il n'en estoit point de mention, & que l'on croyoit que l'absence des Fortunez estoit pour quelque galantise au soulas de l'Empereur. Apres cela, Losnis fut introduite, laquelle s'alla ietter aux pieds de l'Empereur qui se souuenoit de la preuue de la figure de verité, parquoy auec cela, adioustant foy à ce que ces seigneurs auoyent dit, & son cœur le iugeant, pource qu'il s'inclinoit vers les Fortunez à cause d'Etherine, il fit leuer sa fille, & l'embrassant auec vn paternel baiser luy dit. Ma fille, tu fay vrayement bien paroistre que tu es de ceste viue souche, dont nous sommes yssus, ayant paru obeissante & patiente: or bien ma mignonne ce mal est passé, ie vous recompenseray quelque iour, pour l'ennuy que ie vous ay donné, ce pendant retournez en la liberté ou vous estiez parauant, & viuez ainsi que l'auiez accoustumé. Puis se tournant vers Lycambe luy dit, Vous voyez le pouuoir que vous auez sur moy, ie croy ce que vous voulez, allez vous enquerir de ma fille, & puis faites tout ce qu'il vous semblera bon, pourueu que le tout tende à ma santé. Lycambe fut voir Losnis en sa chambre, & eurent ensemble beaucoup de propos, & tels qu'ils voulurent, sans que pourtant Lycambe se descouurit à elle, apres ces discours elle reuint trouuer l'Empereur, auquel elle promit que les Fortunez viendroyent le voir dans le cinquiefme iour, & auec cefte promeffe fortit de deuant l'Empereur, lequel incontinant affembla le confeil & leur propofa ce qu'il peut, pour tafcher à defcouurir ce qui eftoit de la machination, & il n'en ouit que chofes toutes au contraire, mefme ceux dont il f'affeuroit le plus, & qui luy eftoyent tres-fideles, eftoyent ceux qui regrettoyent plus l'abfence, & le mal des Fortunez. Partant l'Empereur ordonna que les Fortunez fuffent reçeus auec honneur, mefmes recommanda à Lofnis d'en faire la reception : Chacun de la Court en fut aife, & à l'aparence l'Empereur iugeoit de l'innocence des accufez: toutesfois le mercredy au matin ayant difpofé fa figure & la bague, il enuoya querir tous les feigneurs, & ayant encores parlé de l'affaire qui fe prefentoit leur demanda leurs aduis : il n'y eut aucun qui n'en dit felon fon cœur: auffi la figure fut conftante. Ce qui affeura tant l'Empereur, qu'il euft voulu defia tenir les Fortunez, & difoit, Eft-il poffible qu'ils foient encor mortels, quelque bon ange les auroit-il tirez de la mort où ie les ay enuoyez? Ha! pauurets, fi iamais ie vous reuoy, ie reparetay la bleffeure faicte à voftre innocence, & de forte que vous m'en deurez de refte.

Au temps que Lycambe auoit promis les Fortunez arriuerẽt, & Lofnis preparee vint au deuãt d'eux qu'elle receut auec ioye & lieffe approchant de l'excés, accompagnant fon plaifir de toutes les ceremonies courtoifes dont on gratifie ceux aufquels on veut du bien, & qu'on defire honorer, & en conuoy magnifique, amena ces perfonnages defirez à l'Empereur, lequel les embraffant & receuant, & les voyant tous trois : Or dit-il, & lequel eft-ce qui deffailloit pour lequel recouurer, il deuoit venir vne fi grande armee ? Ils dirent, c'eft celuy, Sire, qui en voudroit auoir douze, voire infinies pour voftre feruice : ce difans & à genoux, voulurent continuer quand l'Empereur les fit leuer, à fon reiteré commandement ils fe leuerent, & l'aifné pour tous dit, Sire, nous fommes venus icy vous apporter nos teftes, lefquelles eftans coulpables, vous fatisferont à voftre plaifir : mais auffi eftans innocentes, font venus f'offrir à voftre Majefté pour auoir cefte gloire, de vous auoir ferui : Nous fommes vos feruiteurs tres-humbles, qui n'auons iamais rien attenté, ioint que fi cela eut efté il y eut paru : car de pauures eftrangers ne peuuent rien faire, s'ils ne font pouffez & aydez par d'autres. Si nous fommes coulpables, Sire, que nos accufateurs paroiffent, & qu'eftans confus deuant vous, nous foyons chaftiez, & f'il fe trouue que nous foyons innocens, comme il eft vray, que nous foyons reftablis à voftre feruice, ou qu'il vous plaife nous donner vn honnefte congé, qui nous feruira de tefmoin de l'integrité de nos comportemens. L'EMPEREVR. Mes enfans vous eftes les bien-venus, & f'il y-a quelqu'vn qui y contredife, qu'il fe prefente, ie vous en feray raifon, ie ne veux point à cefte heure vous traitter comme eftrangers, mais ainſi que ſi vous m'aparteniés : viuez en la ſorte que vous auez fait au paſſé, & diſpoſez de tout. Auec ces paroles il les receut, auec grande demonſtration d'amitié & de reconciliation, les proteſtations de contentement, les excuſes, les promeſſes, & telles ouuertures de courage ſont eſcrites dans les beaux cœurs, qui le ſcauent proportionner à l'egal de leur alegreſſe, quand telles ou ſemblables affaires leur ſuruiennent. L'Empereur ne voyant point la vieille Lycambe la demanda, Viuarambe luy dit que comme ils venoyent, vn meſſager l'eſtoit venu querir en diligence, pour aller chez elle voir ſon mary qui ſe mouroit, lequel poſſible elle ne trouueroit que difficilement en vie : l'Empereur ſe contenta, eſtant aſſez ſatiſfait de ſes Fortunez, qu'il auoit recouurez contre toute eſperance. Dés le iour meſme, les Fortunez eſclaircirent l'Empereur de tout : car la Fee s'eſtoit deſcouuerte à Lycambe, ſi qu'il fut aſſeuré de ſa fille & d'eux, il eſt vray que rien ne luy fut declaré de l'amour de Lofnis & Fonſteland, car il eut eſté queſtion de deſcouurir tout, & il n'eſtoit pas encor' temps. En ceſte ioye heureuſe, pour teſmoigner ſon aiſe, l'Empereur entre autres actes galands qu'il fit effectuer, il enuoya au vaiſſeau qui auoit porté les Fortunez és iſles de miſere, & y fit mettre le feu, à ce qu'il perit auec tout ſon equipage qu'il deteſta, puis fit raſer les deux tours où ſa fille auoit eſté priſonniere : Et ſi en ceſte humeur il eut tenu Epinoiſe, il l'eut perdue, & de fait il enuoya à la fontaine, & fit abatre le petit pauillon où elle demeuroit : & fut rasé si bien, qu'il n'y auoit plus d'aparence, & fit changer l'auenue à ce que ce lieu-là fut inutile, & en arriere, & pource fit faire trois petits pauillons vers la ville, auanceant dedans le parc, à ce que le lieu du logis de la Fee fut plus destourné & rendu inutile, comme il a depuis tousiours esté, puis il commanda que le proces de la Fee fut fait, ce que les Fortunez empescherent par leur priere. Il n'est plus question de penser à reuenir en tristesse, il conuient poursuyure & acheuer nos entreprises. Aussi l'Empereur qui en ce plaisir sent plus viuement les pointes de l'amour d'Etherine, presse les Fortunez d'executer ce qui est necessaire pour son bien, parquoy le voyage autrefois resolu fut conclud : Et pour cet effet, il pria les Fortunez d'aller en ambassade, vers le Roy de Nabadonce, ils firent semblant de le desirer fort, mais comme ayans soin de sa personne, ils luy persuaderent qu'il valloit mieux qu'ils demeurassent pres de luy, & qu'il enuoyat en Nabadonce le Prince de Glassere. Ce qu'estant trouué bon, il fut depesché : sa legation portoit que l'Empereur de Glindicee desiroit voir les ceremonies du grand Anniuersaire d'amour, qui auoit esté proclamé, se deuoir tenir en l'hermitage d'honneur, & pource il prioit le Roy de Nabadonce son bon frere de l'auoir agreable. Cet Ambassadeur estant parti, les Fortunez firent leur diligence d'enuoyer par tout, donner auis de ce qui s'estoit passé, auertissant leurs amis de se trouuer en l'Hermitage au plustost,

fortunez. Entreprise I. 207

pour participer au bien & plaisir qui s'y trouueront. La Royne de Sobare eut lettres de son Fortuné qui la prioit d'amener la Fee, & de faire ainsi qu'elle l'auoit proietté. Le Roy de Quimalee fut aussi auerti, & sa fille de mesme, qui se preparerent & diligenterent à ceste magnificence.

www.ingramcontent.com/pod-product-compliance
Lightning Source LLC
Chambersburg PA
CBHW071935160426
43198CB00011B/1405